Nos lo scusurran les bentos

Nos lo scusurran les bentos
Poesía en romance andalusí

Pablo Sánchez

MARESÍA

[Pie de Página]

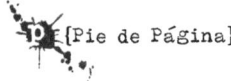{Pie de Página}

Título original: *Nos lo scusurran les bentos. Poesía en romance andalusí*
Primera edición, 2024

© Pablo Sánchez
© Diseño de cubierta: José Miguel Rodríguez Montoya
© Diseño y maquetación de interior: Marta Vega

Depósito legal: M-12235-2024
ISBN: 978-84-128718-2-1

Impreso de forma cariñosa en España.

A Ben Quzman, a Yehuda Halevi, a Almutamid, a Abuljair, a Maimónides…, a todos los que custodiaron esta lengua para que llegara hasta nosotros… y a todos los que ahora ya no dejarán que se pierda.

Índice

Abéd' la liekua liatina
tantes filies sco les celos.
En belles atassu bibes,
autres perses en o tempos.
En belles ganneron scorti
ke les autres non aberon.
De bell' unes sculu ketan
una bocella de liessos
ke les scékulos adunnan
komu elli sconu les ekos,
ed ke akesti adé jed nostru
nos lo scusurran les bentos.

Tuvo la lengua latina
muchas hijas bajo los cielos.
Algunas de ellas ahora (están) vivas,
otras se perdieron en el tiempo.
Algunas de ellas consiguieron (la) suerte
que las otras no tuvieron.
De algunas solo queda
una vocecita de lejos
que los siglos acercan
como el sonido (de) los ecos,
y que este (de) aquí también es nuestro
nos lo susurran los vientos.

NEILA CAMPOS

Introducción

Pablo Sánchez

Mi nombre es Pablo Sánchez. Trabajo en el Museo del Prado y mi formación es principalmente artística. Nunca jamás se me pasó por la cabeza que iba a dirigir mi vida hacia la filología. Sin embargo, hace unos años descubrí el romance andalusí[1], esto es, la lengua procedente del latín que se habló en al-Ándalus, y me fascinó.

Desde ese día me propuse compartir la pasión por esta lengua que había nacido en mí.

¿Qué fue lo que me maravilló tanto? Para empezar, cada aspecto que iba aprendiendo me resultaba completamente llamativo. Estaba convencido de que apenas sabíamos nada de esta lengua. Como del íbero, no más de algunos topónimos y préstamos al castellano. Gran error el mío.

Lo primero que descubrí fueron los glosarios donde los andalusíes recogieron gran parte de su vocabulario. Me imaginé que sería una lengua minoritaria que, como

---

1   También llamado *romandalusí* o *mozárabe*.

su nombre hace creer, solo la hablaban los cristianos. Nuevo error. Durante la mayor parte de la existencia de al-Ándalus la hablaba todo el mundo. No solo eso, sino que la primera referencia que conocemos de un parlante fue nada menos que Abderramán III. Y, de nuevo, otra sorpresa: la primera palabra que se conoce es también la última que uno imaginaría: *culo*. Así es. El rey más importante del momento en Europa rimó *cul'* 'culo' con el árabe *qul* 'dijo'. ¿Vais entendiendo mi fascinación?

Otro concepto errado que tenía en mente es que sería una lengua estrechamente emparentada con el castellano, como lo están el gallego y el asturleonés. A este grupo de lenguas se las conoce como iberorromances, por tener características similares entre sí. Como mínimo, supuse que podría relacionarse con el catalán, occitano y aragonés, el otro grupo de romances afines que hablamos en España. Pues me equivoqué otra vez. El romance de los andalusíes formaba un grupo aparte con características diferentes de cualquier otra lengua de la Hispania altomedieval. Al igual que el italiano y el rumano, tenía consonantes dobles y el sonido [ch] en vez de [z] o [s] para la *c* latina. Es decir, *cena* se pronunciaba como *chena*. Los sonidos [t], [p] y [k] no se convirtieron en [d], [b] y [g] en posición intervocálica como en español: *amada* era *amata*, de nuevo como en Italia. También conservaba las vocales finales y mantenía la [d] entre vocales (como *radichi* o *pedi* en vez de *raíz* o *pie*).

Tenía palabras del latín que no se conservaron en ninguna otra parte del Imperio (como la preposición *retro*) y otras que seguían a la manera clásica porque no triunfó la manera vulgar (*seder* y *caner* en vez se *sentar* y *cantar* o *albu* en vez de *blanco*).

Para acrecentar todavía más la forma tan peculiar como se ha documentado este idioma, otra parte del vocabulario la conocemos por apodos. Los andalusíes tenían debilidad por insultarse en romance: *calvo, respondón, viejo, hijo de la calabaza* o, incluso, *hijo de alguno* (desde luego, un insulto, más que un apodo). En una palabra: fascinante. Para colmo, las primeras poesías que se escribieron en cualquier lengua romance se compusieron en andalusí.

Si académicamente podemos considerar al arte andalusí como la orientalización extrema del arte autóctono, con la lengua les pasó lo mismo: arabizaron hasta la médula el romance más visigodo que quedaba en Hispania. El resultado fue una lengua tan conservadora como exótica.

Por un lado, se quedaban aislados en el tiempo, pero, por otro, adoptaron del árabe la omisión de verbos, conjunciones o preposiciones impensables en las lenguas latinas. Un «error» como tener el sustantivo en plural y el adjetivo en singular es propio de una lengua semita…, y ahora también de su romance. Eso y quedarse con absolutamente cualquier palabra árabe añadiendo solo una terminación romana. Cualquier otro europeo que escuchara a un andalusí se quedaría ojiplático con su «casi latín» mezclado con frases y palabras del otro lado del Mediterráneo.

Otra excepcionalidad de esta lengua es todo lo que sabemos de ella. El islam borró del mapa cualquier vestigio del latín en su imparable marcha; en todos lados excepto en Hispania, donde no solo se mantuvo, sino que se documentó. Es realmente curioso que los andalusíes no escribieran su romance porque pensaban que el romance era la pronunciación del latín. Se escribía en latín y se pronunciaba en romance. Para los primeros milénials (los europeos del año 1000) el romance no era una lengua diferente del latín, sino su pronunciación. Es decir, *igual* se escribía *aequalem*, pero se pronunciaba *ekani*. Tanto es así que los andalusíes llamaban latín a ambas lenguas. Esto no es algo exclusivo de la Hispania islamizada, sino que ocurría en todo el antiguo Imperio romano. Cuando los pueblos latinos fueron conscientes de su realidad lingüística, su hermana musulmana había fallecido. Hasta ese momento, el romance solo había tenido presencia escrita muy brevemente, cuando hizo falta marcar la pronunciación. Por ejemplo, en las glosas, y, en al-Ándalus, en glosarios y poesía. Por esta razón el romance de al-Ándalus se escribió en letra árabe o hebrea, con el quebradero de cabeza adicional que esto ha supuesto.

Pero ¿por qué no se habla hoy en día el romance andalusí? Porque no era la lengua de prestigio y se fue relegando poco a poco a favor del árabe. Eso mismo, por sí solo, no era suficiente para hacerla desaparecer. De haber estado en tal situación de diglosia hasta la conquista castellana, su romance se habría mantenido (a un nivel muy popular, eso sí, y también fragmentado en dialectos ininteligibles de un pueblo al pueblo de al lado, tal como ha ocurrido con el euskera, el aragonés, el occitano o el asturleonés). Pero no, llegaron las invasiones almorávide y almohade, que perdieron la mitad de su territorio y de su riqueza lingüística. Qué pena.

Tampoco voy a negar que en este momento hay un componente ideológico en la recuperación del romance de al-Ándalus. En el siglo XIX, cuando se forjaron las identidades nacionales, la española lo hizo de espaldas a su pasado andalusí. España es la que nació tras siglos luchando contra este estado de cultura, religión y lengua extranjera. Imaginas por dónde quiero ir, ¿verdad? Uno de los pilares del nacionalismo es la unidad lingüística. Si resulta que los andalusíes hablaban una lengua hermana del castellano, catalán, aragonés, asturiano y gallego, resulta más complicada la extranjerización de al-Ándalus. Para colmo, hablaban la lengua más apegada al latín visigodo. Más que cualquier otro hispano del momento. Al-Ándalus es parte de lo que somos, y su lengua también.

Decía al comienzo que el conocimiento del romance andalusí (o el mozárabe de toda la vida) venía de glosarios y apodos. Es decir, se limitaba al léxico. Esto fue así hasta 1948 y el descubrimiento de las jarchas, esas pequeñas poesías de corte amoroso que se escribieron en la Edad Media. Hoy en día se estudian por separado y podrían parecer como haikus japoneses. No obstante, como veremos, eran los versos finales de unas composiciones líricas llamadas moaxajas. Estas se redactaban en árabe clásico o en hebreo y se acababan con un remate en lengua vulgar o coloquial, en general en el mismo idioma que el resto del poema, pero en unos pocos casos en romance.

El descubrimiento de las jarchas es tan peculiar como todo lo que tiene que ver con el romance andalusí. El hebraísta Miklos Stern descubrió unos manuscritos andalusíes en una madrasa egipcia. Algo no cuadraba. Las moaxajas no acababan en hebreo, acababan en… otra cosa. Stern creyó que era alguna variedad del castellano sin saber que estaba descubriendo poemas en una nueva lengua. Algo más tarde, el arabista Emilio García Gómez se preguntó si las «letras sueltas» que aparecían en algunas moaxajas en árabe podrían ser también esa lengua romance. Eureka, lo eran.

Incluso las jarchas en romance se escribían en letra árabe y hebrea, de ahí que se tardara tanto en descubrirlas. Hoy escribimos el romance andalusí en alfabeto latino. Es largo y complejo explicar por qué hemos utilizado esta ortografía específica, pero digamos que es lo más parecido a como escribían fonéticamente en la Alta Edad Media no solo en al-Ándalus, sino en el resto de Hispania. Puede confundir que la *c* tenga siempre el valor de la actual *ch*, pero realmente un andalusí del siglo XI sabría pronunciar estas nuevas poesías. El castellano ha perdido una parte importante de su sistema sonoro a lo largo de los siglos; por eso no todos los sonidos andalusíes tienen un equivalente con la pronunciación actual en español. Sin embargo, otras lenguas ibéricas, como el portugués y el catalán, todavía mantienen los fonemas medievales. Así, *gi* es la *j* en estas dos lenguas o en francés, *li* es la *lh* portuguesa y *ll* catalana, y *sc*, la *x* en ambos idiomas o *sh* en inglés.

letra	sonido	letra	sonido
a	a	li	ll catalana
b	b	m	m
c	ch	n	n
ch	j	ni	ñ
d	d	o	o
e	e	p	p
f	f	r	r

g	g	**s**	s
gi	j francesa	**sc**	sh
h	h aspirada	**t**	t
i	i	**tz**	ts
j	y	**u**	u
k	k	**z**	s sonora
l	l		

Bien, hemos ido posponiendo la gran pregunta y creo que ya es el momento de hacerla: ¿qué sentido tiene recuperar una lengua que se perdió hace mil años? Pues el mismo que desenterrar un templo romano, recuperar un galeón sumergido o restaurar una ermita románica. Ni más ni menos. Aunque, lógicamente, no se recupere para su uso utilitario (esto no es Israel y el hebreo), es una gran herramienta creativa.

Por ejemplo, la cineasta Pilar Távora quiere rodar una película sobre la poetisa Wallada de Córdoba íntegramente en la lengua que ella hablaba. Se ha traducido *El principito*, *Alicia en el país de las maravillas* y algunos escritos de Bécquer y Lovecraft. También se han escrito canciones del grupo Califato ¾ y alguna novela corta original. Al igual que los arquitectos historicistas del siglo XIX, que recuperaron los estilos antiguos para sus nuevas construcciones, hay quien ha encontrado en el romance andalusí una lengua ideal para expresarse.

Pablo Sánchez

Vamos a jugar a ello. Hay teorías de que el *Cantar de mio Cid* fue escrito por un mozárabe, debido a la gran cantidad de arabismos e incluso calcos de esa lengua. Es alguien que conocería el romance andalusí, y de haberlo escrito en su propia lengua habría resultado algo muy parecido a esto:

De scos uelios tan fortaira ploratores.
Bolbijad la kapetza de i jerad kattatori.
Besedi janes apertes ed postikos non pilcatos,
ráudakes baces scen non peles nin mantos,
ed scen non falkones de scen non milanos mutatos.
Scuspiradi Meu Tziddi, kar abejad tantos bellitos
[kuratos.
Fabladi meu Çiddi, beni ed tantu mesuratu;
«Donu gratzies ad tibi, Patri ki jes en autu.
Estu bolteron me mos enemikos biles».

De los sos ojos tan fuertemientre llorando,
tomaba la cabeza e estábalos catando.
Vio puertas abiertas e uzos sin estrados,
alcándaras vacias sin pielles e sin mantos,
e sin falcones e sin adtores mudados.
Sospiró mio Cid; ca mucho avié grandes cuidados.
Fabló mio Cid bien e tan mesurado:
«Grado a ti, Señor, Padre que estás en alto.
Esto me han vuelto mios enemigos malos».

Precioso, ¿verdad? ¿Y si la canción de *La falsa mone-da* se hubiera escrito en romance andalusí?:

Bai, muliér bili, bai de ma baira.
Bolbed talairella una maldiconi.
Ja rabb liahsced ke ki tu mais keres
rended tos kereres, tos kereres rended
kon bili tradiri.

Giipziaka, ke tu scerás
komu falluta moneta,
ki de manu en manu baid
ed nin uno i la ketad.

Vete, mujer mala, vete de mi vera.
Rueda lo mismito que una maldición.
Que Undivé permita que quien tú más quieras
pague tus quereres, tus quereres pague
con mala traición.

Gitana, que tú serás
como la falsa moneda,
que de mano en mano va
y ninguno se la queda.

¿Y un Bécquer en la lengua de sus antepasados?:

Boltarán les foskes addurines
ad teu paliu lor nidos ad allakatari,
ed autri bekata kon elli ala ad tos bitrios
jokatores nomnarán.

Mas akelles elli bolu retardajan
ta fermosura ed meu gotzu ad kattari,
akelles disceron nostros nuemnes...
Akestes... non boltarán!

*Volverán las oscuras golondrinas
en tu balcón sus nidos a colgar,
y otra vez con el ala a tus cristales
jugando llamarán.*

*Pero aquellas que el vuelo refrenaban
tu hermosura y mi dicha a contemplar,
aquellas que aprendieron nuestros nombres...
Esas... ¡no volverán!*

¿Te sabe a poco? Si Lola Flores hubiera nacido mil años antes, habría cantado *A tu vera* de esta manera (además, la Faraona se merece que la citemos entera):

Ad ta baira, scempri ad bairella de tibi,
scempri ad bairella de tibi
hattá ke de amori moira.

Ke non mirassi ad tos uelios,
ke non nomnassi ad ta jana,
ke non pikkassi de nohti
les petres de ta bijella.

Ad ta baira, scempri ad bairella de tibi,
scempri ad bairella de tibi
hattá ke de amori moira.

Mira ke garren ed garren,
mira ke elli sceru akelli,
mira ke fidi ed benidi
de sca kasa ad popplár.

Ed assí, miratora ed miratora,
assí encettadi ma cekaira,
assí encettadi ma cekaira.

Ke non bebéssi ad ta potzu,
ke non jurassi ad la relia,
ke non mirassi ad tibi
la liuna de pirmabaira.

Ja poden finkari scegares,
ja poden kruscari tosaires,
ja poden kopriri kon scali
les liatelios de ta jana.

PABLO SÁNCHEZ

Jeri, uei, kras ed scempri,
eternaira ad ta baira,
eternaira ad ta baira.

A tu vera, siempre a la verita tuya,
siempre a la verita tuya
hasta que de amor me muera.

Que no mirase tus ojos,
que no llamase a tu puerta,
que no pisase de noche
las piedras de tu calleja.

A tu vera, siempre a la verita tuya,
siempre a la verita tuya
hasta que de amor me muera.

Mira que dicen y dicen,
mira que la tarde aquella,
mira que se fue y se vino
de su casa a la alameda.

Y así mirando y mirando,
así empezó mi ceguera,
así empezó mi ceguera.

Que no bebiese en tu pozo,
que no jurase en la reja,
que no mirase contigo
la luna de primavera.

Ya pueden clavar puñales,
ya pueden cruzar tijeras,
ya pueden cubrir con sal
los ladrillos de tu puerta.

Ayer, hoy, mañana y siempre,
eternamente a tu vera,
eternamente a tu vera.

Por aquí ya vais viendo que las peculiaridades del romance de al-Ándalus hacen que sea difícil mantener la rima al traducir al español, que es otra lengua romance. Y lo mismo si traducimos, por ejemplo, desde el catalán:

Totu elli kampu
jed unu klamori.
Scomu la jenti kárdena ed scanginia.
Tantu baled on benimu
sci de scamál au gianúb.
Atassu kaped, atassu kaped.
Una bandaira jermanad nos.

Tot el camp
és un clam.
Som la gent blaugrana.
Tant se val d'on venim
si del sud o del nord.
Ara estem d'acord, ara estem d'acord.
Una bandera ens agermana.

Perdonadme que no se me haya ocurrido un ejemplo más poético para ilustrar el catalán que el himno del Barça, pero desde luego es representativo y muy conocido. El último verso rimaría si le cambiamos el orden de las palabras, pero el asunto es que el romance andalusí no está directamente emparentado con ninguna otra lengua romance. Se quedó aislada por razones históricas, no recibió influencia de lo que se cocía tras los Pirineos, pero sí fue muy modificada por el árabe. La conjugación verbal es lo único que tiene parecido con el occitano y con el aragonés, pero la pronunciación, las preposiciones, las conjunciones, la manera de construir las palabras, el propio vocabulario…, en todo eso va por libre.

Te puedes estar preguntando… Pero ¿los andalusíes hablaban exactamente así? Lógicamente, esto es una abstracción. Todas las lenguas son un conjunto de dialectos. Es absolutamente imposible escribir recogiendo todas las modalidades de una misma lengua. De hecho, este libro está escrito en el dialecto cordobés. Y es por una razón: es la modalidad del andalusí en la que se escribieron todas las jarchas, desde Toledo hasta Valencia y desde Zaragoza hasta Sevilla. El cómo se hablaba en la capital marcó el cómo se escribía en toda al-Ándalus.

Así, *a priori*, nos puede parecer que la literatura que se compuso en la Hispania musulmana poco o nada tiene que ver con la literatura española. Es escritura en árabe y está bien que la estudie un egipcio o un argelino, pero a nosotros nos es ajeno. Es cierto que la lengua era árabe y lo poco que escribieron en su lengua latina fue de un idioma que ya se ha perdido y nadie (aún) reivindica. Eso es así, pero también es cierto que en la formación de la literatura española hubo bastante de al-Ándalus.

Ya hemos hablado de la presencia de arabismos en la primera gran obra literaria en castellano, el *Cantar de mio Cid*; está tan repleto de arabismos que se ha especulado con que su autor fuera mozárabe y adaptase un original andalusí (aunque no sería en su romance). Pero se ha llegado aún más lejos. No solo el Cid, sino el propio género del cantar de gesta como tal puede que tenga un origen en la literatura en árabe. Hay paralelismos formales y temáticos del Cid con otros cantares anteriores, como el romance de Antara Ben Chadad, Ali Al Zebak o Seif Ben zi Yazén o de Bani Helal. No tengo ni datos ni conocimientos para defender esta tesis. Tampoco lo pretendo, pero sí me parece interesante para reflejar que no se puede aislar la literatura medieval cristiana como si al-Ándalus no hubiera existido. El propio castellano medieval estaba enormemente más arabizado de lo que está hoy en día. A partir de siglo XV empezaron las «purgas» para potenciar el léxico de origen latino frente al árabe (*veterinario*, por ejemplo, es un neologismo para sustituir al original *albéitar*). Tal fue el grado de arabización del vocabulario medieval que catedráticos de la lengua como Federico Corriente han estudiado la huella del árabe en obras como *La lozana andaluza* y los textos alfonsíes. Los poemas fronterizos y la novela morisca potenciaron también todo este vocabulario que venía de al-Ándalus.

Y no solo léxico; también aparecen historias y leyendas andalusíes en *El conde Lucanor*, el *Sendebar* o *El libro de buen amor*. Si esto puede parecer una influencia superficial, no lo es que formas de la lírica andalusí pervivieran en Castilla. Una de las formas poéticas de la Hispania islamizada, la macama, se ha puesto también en relación con la picaresca y se ha estudiado la posible conexión entre la jarcha y la seguiriya. Son solo teorías, pero que otras formas de la literatura andalusí como el zéjel siguieran cultivándose en el Siglo de Oro es una evidencia como un castillo. O como un alcázar, en este caso. No solo eso, sino que en el propio zéjel puede estar el nacimiento de las cantigas gallegas y el villancico castellano. De todas ellas hablaremos en su momento. Y, a principios del XIX, hubo toda una corriente de poetas y escritores andaluces que miraron hacia al-Ándalus y sus formas literarias en lo que se ha bautizado como «andalusismo»[2].

Y poco más que añadir. Os dejo con una colección de poemas actuales escritos en esta lengua[3], este desconocido tesoro cultural de la historia de España, que nos ayudará a conocer la lírica de hace mil años. La primera parte del libro está dedicada a la poesía andalusí, con la casida, la moaxaja, el zéjel, la gacela, la jarcha y la macama, para ver cómo sonarían las composiciones propias de la literatura en árabe de haberse escrito en su romance. En la segunda parte encontraréis algunas formas poéticas castellanas adaptadas al romance andalusí (el romance, el terceto, la cuarteta y el soneto) y también una japonesa, el haiku. Y en la tercera parte poemas en

---

2   Se conoce como andalusismo, o andalucismo islamizante, a una corriente política e ideológica que busca enraizar la identidad andaluza en el pasado andalusí y, en menor o mayor grado, aboga por su restauración. Tuvo reflejo literario en la recuperación de formas, inspiraciones y temáticas andalusíes, siendo sus ejemplos más famosos Blas Infante, Federico García Lorca y Antonio Gala.
3   Cuando empezó a gestarse este libro, varios escritores se pusieron en contacto conmigo para contribuir. El resultado final ha reunido a un grupo muy heterogéneo que creo que da gran riqueza al poemario: novelistas (Antonio Manuel, Alejandro García Bravo), poetas (Jon Aundi, Pedro Salas, Alberto Díaz, Martí), filólogos (Neila Campos, Andrés Toro) y periodistas (Ana Mora).

PABLO SÁNCHEZ

composiciones que creemos que encajan bien con esta lengua. Es nuestro pequeño acto de justicia para una lengua en la que no se quiso escribir ni en su propia patria, ni tuvo continuidad en la literatura posterior.

1

La poesía andalusí en romance andalusí

La casida

La casida —cuyo origen podría ser preislámico— es la estrella de la lírica en árabe. Se compone de versos monorrimos (todos riman entre sí) o pareados. La métrica es fija e inamovible, basada en la distribución de vocales largas y breves (de manera similar a la poesía latina y griega clásica). También su temática es estable, pues las casidas son elegías o poemas de pérdida y desconsuelo. Se trata de composiciones largas, de más de cien versos, que no se distribuyen por estrofas, sino que van todos de corrido (lo que se conoce en lírica hispánica como «en tirada»). Salvando las distancias, por ser grandes composiciones, de extensa duración, temática solemne y versos monorrimos, podríamos compararlas con los cantares de gesta romances (como el *Cantar de mio Cid*), pero con todas las reservas del mundo. Tienen puntos en común, lo que no significa que sean equivalentes.

También es cierto que la casida, a medida que el islam y la cultura árabe se fueron extendiendo, se fue modificando y adaptando. Por ejemplo, tuvo mucho éxito en Persia, donde no solo se adaptó a su lengua, sino que se amplió la temática a asuntos religiosos. La casida tuvo continuación en una España cultural y cronológicamente muy distinta, que tomó la temática de pérdida o nostalgia de la tipología original, pero no la estructura. Un buen ejemplo de ello es Federico García Lorca (1898-1936)[4], quien, en el *Diván del Tamarit*, incluyó algunos poemas llamados casidas, como la de la muchacha dorada, que presenta incluso versos monorrimos con rima sostenida en «á-a». Aquí el comienzo:

La muchacha dorada
se bañaba en el agua
y el agua se doraba.

Las algas y las ramas
en sombra la asombraban
y el ruiseñor cantaba
por la muchacha blanca…

---

4   También han escrito casidas recientes en español autores como Miguel Hernández, Félix Grande, Jaime Sabines o Ricardo Molinari.

Estoy seguro de que, allá donde nos esté viendo, sonríe al ver cómo resucita el romance andalusí.

El poema que se ofrece como ejemplo a continuación está escrito por mí mismo. Las casidas han de llegar a los cien versos, por lo que la mía no tiene extensión suficiente para ser considerada sino como un fragmento de una de ellas. Tampoco respeta la métrica árabe, que se basa en la alternancia entre vocales largas y breves y es inadaptable en lengua romance. En esta casida, se apela al rey Boabdil que abandona Granada:

Ad elli rei ciku

Anti scekiri ta biya por unu istanti para.
Bolta retraira kapetza kapu obi jerad kasa.
Les liákrimes con pena bisa derradera liahscan.
Kar totu bais portari de esta terra jed scemratza.
Plora adella ta pena hazinu rei de Garnata.
Non sculu rennu cedés, tota la estoria donata.
Ke tu non as annutriri kandu kras arriped alba.
Deteni ad tibi ed teu pagu katta mais una bekata.
Ja nin palát nin cibtati por en tibi an una jana.
En essu ja totu bisu, mira abantaira cd abatza.
Eskappa abanti ke bedas autri domnu abed ta
                                   [alhamra.
Tu ja non jes de poplu, tu ja non jes de patria.
Plora, rei paukulellu…, rei ki persitu Espanïa.

Al rey chico

Antes de seguir tu viaje por un instante para.
Vuelve atrás la cabeza hacia donde estaba tu casa.
Las lágrimas apenas la vista final dejan.
Pues todo lo que te vas a llevar de esta tierra es
         [recuerdo.
Llora completamente tu pena, triste rey de
         [Granada.
No solo cediste el reino, toda la historia la has dado.
Que tú no alimentarás cuando mañana llegue el
         [amanecer.
Detente y observa tu país una vez más.
Ya ni palacio ni ciudad para ti tienen una puerta.
Entonces ya lo has visto todo, mira adelante y
         [avanza.
Escapa antes de ver que otro dueño tiene tu
         [Alhambra.
Tú ya no tienes pueblo, tú ya no tienes patria.
Llora, rey pequeñito…, rey que perdió España.

Pablo Sánchez

 Y acompañamos esta casida con tres poemas más que no son exactamente casidas, pero adoptan su espíritu. Los dos primeros son elegías por la pérdida de los padres. El tercero es una breve composición articulada en torno a la anáfora, repetición de una misma palabra y figura retórica muy característica de las elegías.

Ampaura do gianúb

La bita gaudejamu
ed de nos elli azzameni,
adé fablandi beni
en unu ridejamu.
Elli reból do celu,
elli scoli sce arabad,
roju ed albu mescatu
ki ad celu foku scemrad.
Nostru bosku de riju
fartu des folies bertes,
jed elli pehturroju
ed habibes partales.
Beneita kambanija
meu bella ampaura, mas
en essu tu, una dija
non tantu dormijas, ijas.
Totu jerad sciletzu,
unu sciletzu ki ured.
Frakad esti sciletzu
ke tantu, tantu doled.
Tes al-kilmes rekeru
ed, amani, unu adamma;

scentaraju ta al-gaiba
ed te amaraju, mamma.

Amapola del sur

La vida disfrutamos
y (es) nuestro el tiempo,
también hablando mucho
reímos juntos.
El rubor del cielo,
el sol (que) se esconde,
rojo y blanco mezclado
que al cielo fuego (le) parece.
Nuestro bosque de río
lleno de hojas verdes,
es el petirrojo
y amigos gorriones.
Bendita compañía
mi bella amapola, pero
en ti misma, un día
mientras dormías, te ibas.
Todo era silencio,
un silencio que quema.
Rompe este silencio
que tanto tanto duele.
Tus palabras pido
y, por favor, un abrazo;

sentiré tu ausencia
y te amaré, mamá.

Alberto Díaz Martínez

Dedikatu ad patri ke ja mais non jed:

Sconnái kon tib esta nohti,
komu kesés te sconnés,
tre les budes jokatori,
tre les poplos muniu scempri.

Dedicado al padre que ya no está:

Soñé esta noche contigo,
como quisiste que te soñara,
jugando entre los juncos,
niño siempre entre los chopos.

Jon Aundi

Scopri totes le kauses

Scopri elli lasci, koitari.
Scopri koitari, la bita.

Scopri la bita, la liuci,
ed kon la liuci, celu ad i.
Scopri elli celu, al falaki.
Scopri al falaki, baid totu.
Scopri elli totu jes tu,
ed, scopri tu…, sculu lasci.

Sobre todas las cosas

Sobre la nada, (el) pensar.
Sobre (el) pensar, la vida.
Sobre la vida, la luz,
y, con la luz, hay cielo.
Sobre el cielo, el firmamento.
Sobre el firmamento, va todo.
Sobre el todo, estás tú,
y, sobre ti…, solo (la) nada.

Pablo Sánchez

La moaxaja

La casida árabe evolucionó en al-Ándalus a una forma autóctona llamada moaxaja, de capital importancia no solo literaria, sino también lingüística. Es una composición mucho más breve que la casida que se estructura en cinco o seis estrofas terminadas por unos pocos versos que siempre riman entre sí. Es decir, el cuerpo del poema sigue una rima propia, y los añadidos finales, una diferente.

Las moaxajas están escritas en árabe clásico o hebreo excepto estos versos finales, que se componen en árabe dialectal o (redoble de tambores) romance. En efecto, este remate son las archiconocidas jarchas, gracias a las cuales tenemos una aproximación a la sintaxis y conjugación verbal de la lengua latina de al-Ándalus.

La moaxaja es una composición que tuvo bastante éxito en el resto de la literatura árabe, pero que, por su propia naturaleza, es casi irrealizable en cualquier otro idioma. El árabe juega con la dualidad de la lengua clásica y de la, digamos, «real» de cada territorio. Quizá en su momento podía verse trasladado al binomio latín-romance o, en todo caso, escribir la moaxaja en castellano «de telediario» y las jarchas finales en cualquier variación dialectal como andaluz, murciano, puertorriqueño o, incluso, *spanglish*. Sea como fuera, terminó perdiéndose de la tradición hispana una vez extinguida al-Ándalus. Otras figuras poéticas como el zéjel y la gacela han corrido mejor suerte y han llegado a nuestros días.

Se ha especulado con que la jarcha sea anterior a la moaxaja; es decir, que se tratara de coplillas que se añadieron a la pieza final, conocedores de que la audiencia las reconocería al escucharlas. Sin que podamos asegurarlo, tampoco es descabellado, puesto que una tercera parte de las jarchas romances se han hallado repetidas. Por tanto, parece que no eran del todo originales, o, al menos, no todas.

La primera moaxaja que presentamos está inspirada en una leyenda de Cazorla. Este tipo de mitos sobre la conquista, en los que se romantiza la derrota andalusí a modo de maldición, son muy comunes. La segunda tiene temática mitológica, que habría descolocado a la audiencia andalusí…, o no, porque parte del saber clásico lo hemos mantenido gracias a los copistas de al-Ándalus.

Ambas moaxajas las hemos compuesto enteras en romance andalusí y respetan la estructura, pero pervierten el sentido de contraponer la versión culta con la popular de una misma lengua.

La Trakantija

Tará hazina kokoffa
antikuu rei esta terra,
obridatu da estoria
kandu persa la gerra,
retru scankri bersita
boltandi hamra scerra.

«Nullu scemrad sceu nuemni,
mas kallad ad Trakantija.
Scula scopribihscerad,

do rei amata filia.
Ja, giptziaka domcella.
Ja, infelici amira».

Les rennos rumís scamál
janes cibtati eskanderon.
Kontra les ostes aliena
poplos bibales punneron
por defender' terra patres
ed konserbar' poren nebtos.

«Mas una torri liessana
kuardad una kattiba,
la filia unu rei brabu,
adamator' sca familia.
Ki persitu sceu tronu.
Ki persita sca bita».

La cibtati karpita
sco fofániku pasu.
Bencetori enemiku,
nobu rei jed atassu.
Ed pasarán les annes
en edessu obridatu.

«Principesa en o fosku
famma estád totabiya.

Hattá fini azzameni
plorarád la maldeita.
Bili fatu abed ella.
Bili fatu abrád billa».

Uei garren les billanos
kandu aceded la nohti
karkolos sce perdekan
ed kalen aben pori
da bocella ki scorted
de akesta ruina torri.

«Scerád la maldiconi
de essa tristi muslima
poren sces konkerores:
Scenti sca melendija,
ed non berás antzara
nin berás la liuci diya».

La Tracantía

He aquí la fábula
del antiguo rey de esta tierra
olvidado por la historia
cuando se perdió la guerra
después de verter su sangre
volviendo roja la tierra.

«Nadie recuerda su nombre,
pero conoce a la Tracantía,
la única que había sobrevivido,
del rey la amada hija.
Oh, desgraciada doncella.
Oh, infeliz princesa».

Los reinos cristianos del norte
las puertas de la ciudad alcanzaron.
Contra las huestes enemigas
los pueblos valientes lucharon
por defender la tierra de sus padres
y conservarla para sus nietos.
Pero una torre lejana
guarda a una cautiva:

«La hija de un rey bravo,
amante de su familia.
Que perdió su trono.
Que perdió su vida».

La ciudad destruida
bajo el paso del adversario.
Venciendo el enemigo,
nuevo rey hay ahora.
Y pasarán los años
de ahí simplemente olvidado.

«La princesa en la oscuridad
ahí sigue todavía.
Hasta el final del tiempo
llorará la maldecida.
Aciago destino tiene ella.
Aciago destino tendrá la villa».

Hoy dicen los lugareños
cuando cae la noche
que algunos desaparecen
y por eso tienen miedo
de la vocecita que surge
de esa ruina de torre.

«Será la maldición
de la misma triste musulmana
para sus conquistadores:
Oye su melendía[5],
y no verás la noche de San Juan,
ni verás la luz del día».

PABLO SÁNCHEZ

---

5   Según Francisco Javier Simonet, es el nombre genérico que se le daba en Granada a cualquier instrumento musical que acompañaba al canto. Seguramente, una adaptación o corrupción de la palabra *melodía*.

Kassandra

Essa ki narrad la estoria
fidi de Apollu la amata,
mais tantos bibaces les deuses
mutan deseros ed guana.
Komu promesa de amori
me fecedi mais de umana.
Esparidi ad mibi dones
ki bolteron me tzahhara:

«Eu, elli deus do xoli,
donu ad tibi esti pennori:
totu bais scaperi,
non scijas de pori».

Les grates dijes korreron
adé scedmanes de paci.
Korreron hatta do tempos
ja non korredi mais lasci.

Atzá una nobella domcella,
una gerra, una zamra, una falla.
Non jed possibli scaperi
por kapetza deus ki pasad.
En adbolari al habibi
ed obridadi eu estajad.

Totu de mibi duscedi
jestra una kausa sculaira:

«Donu elli adamatori,
jaumi ma bendiconi
beri fatu ki bened.
Atassu ma tolori».

Mas, komu non poted sceri
de autri manaira mais baira,
non totu scerejad bonu
poren sca antikua adamata.
Elli futuru scepraju,
mas la bertati non bastad.
Nin unu tzai baid krejeri
kal scijad kausa ke garrad:

«Taci, lauka, rumori.
Fuji komu boktori.
Da parabra una irata
ja non mais krejetori».

Klamai por elli Palladiu,
de Atenea imagen scakra.
Eu besí komu en a gerra
les akejos i furtajan.
Adé non kandu doneron

kaballu konfeitu matruana.
De unu forániku ell' donu
scobenti cessad en trappa.

«Adun ke non errori
nin una ma liabori,
kaskuna de mes kilmes
boltan sce estupori».

Adbertí ad Agamenoni
sca bita perikolajad.
Ad hattá nin me krejejad
Non tantu esposa i mattajad.
Ed edessu kandu jaumi
akkrandi ad mibi askohtajan.
Sculu me krejejan por ke ad
Apollu akambanijajad.

«Scen elli abraju boci
ki i scemran mescetori,
mas non aju parabra
des non aju sceniori».

Casandra

La misma que narra la historia
fue de Apolo la amada,

pero qué rápido los dioses
cambian (de) deseos y gana.
Como promesa de amor
me hizo más que humana.
Compartió conmigo dones
que me volvieron hechicera:

«Yo, el dios del sol,
te doy este regalo:
todo lo vas a saber,
no tengas miedo».

Corrieron los gratos días,
también semanas de paz.
Corrieron hasta (que) del tiempo
ya no corrió nada más.
Quizá una doncella nueva,
una guerra, un viaje, un error.
No es posible saber
por (la) cabeza del dios qué pasa.
De ahí salió volando el amado
y olvidó (que) yo seguía.
Todo de mí se llevó
excepto solo una cosa:

«El don de (mi) amante,
antes mi bendición,

ver el destino que viene
ahora (es) mi dolor».

Pero, como no puede ser
de otra manera más distinta,
no todo sería bueno
para su antigua amada.
El futuro sabré,
mas la verdad no basta.
Ninguno va a creerme en absoluto
diga lo que diga.

«Calla, loca, el rumor.
Huye como un buitre.
De la palabra (de) una pirada
nunca soy creyente».

Clamé por el Palladio,
de Atenea imagen sacra.
Yo vi cómo en la guerra
los aqueos a ella robaban.
Tampoco cuando donaron
(el) caballo realizado (de) madera.
De un enemigo el regalo
a menudo acaba en trampa.

«Aunque sin error
de ninguno de los trabajos,
cada una de mis palabras
se volvían estupor».
Advertí a Agamenón
(que) su vida peligraba.
Incluso ni me creía
mientras (la) esposa a él mataba.
Simplemente cuando antes
del todo a mí me escuchaban
solo me creían porque a
Apolo acompañaba.

«Sin él tendré voz
que les parece de embaucadora,
pero no tengo palabra
desde que no tengo señor».

Pablo Sánchez

Y ahora añadimos una poesía que es una simplificación de la moaxaja, limitando cada estrofa a un pareado y la jarcha en un verso suelto. Es una poetización de la leyenda mallorquina de Zulema, la astróloga que predijo en las estrellas la conquista de la isla por Jaime I:

Zulema

Sco Zulema.
Des ma mena
lieju atenta do alfalaki
la scentella
paukulella
ki poren nos jed fablandi.
Liettra a liettra,
belia liekua,
mais antikua adun do mari
ed da terra,
uemni ed femna
de nin una umanitati.
Komu encettad
tali cessad
elli celu, kodi grandi.
Ki rebelad
kausa bera
mas non scen lo deserari.
Kar la estrella
de certetza
garred scempri kilma ekani
ki jed essa:
«Bened kerra».
Una ed autri beci tali.
Mas sco pressa,

ketu keta,
nin unu baid askohtari.
Fini liegad
kon a pena
non beraju fari lasci.
Derradera
ed maldeita
esta alindár celestiali.
Sculu restad
nohti eterna
ed da estoria perdekari.
Memoretza
de Zulema
ed les kilmes ke klamadi.
Kandu persa
scijad terra
ed ajes de uahsca fari.

Zulema

Soy Zulema.
Desde mi almena
leo atenta del firmamento
la centella
pequeñita
que para nosotros está hablando.
Letra a letra,

vieja lengua,
más antigua aún que el mar
y que (de) la tierra,
(que de) hombre y mujer,
que (de) ninguna humanidad.
Como empieza
igual acaba
el cielo, gran códice,
que revela
cosa verdadera
aunque no lo desees.
Pues la estrella
de certeza
dice siempre igual palabra
que es la misma:
«Viene guerra».
Una y otra vez igual.
Pero soy presa,
quedo quieta,
nadie va a escuchar.
El final se acerca
con la pena
(de que) no veré hacer nada.
Última
y maldita
este aviso celestial.
Solo queda

noche eterna
y desvanecerse de la historia.
Recuerdo
de Zulema
y las palabras que gritó
cuando perdida
esté la tierra
y tengas que añorarla.

PABLO SÁNCHEZ

EL ZÉJEL

Si la moaxaja es la reina de la lírica andalusí, el zéjel es la emperatriz. Ninguna otra figura literaria de la Hispania arabizada tiene su trascendencia y recorrido posterior. El zéjel sobrepasó las fronteras andalusíes, geográficas y temporales. Una vez conquistada al-Ándalus, esta forma poética sobrevivió entre sus descendientes moriscos. De ellos pasó (ya en castellano) a escritores como fray Íñigo de Mendoza (1425-1507), Juan del Encina (1468-1529) y otros de la talla de Lope de Vega, Juan Ramón Jiménez o Alberti. Por el sur saltó el estrecho y echó unas raíces tan poderosas en la literatura árabe que incluso la UNESCO declaró patrimonio inmaterial a la modalidad del zéjel libanés. Como se ve, el impacto de al-Ándalus en el arte y la literatura universal es mucho más determinante de lo que nos paramos a pensar.

Para entrar a entender la estructura del zéjel, aquí tenéis como ejemplo en español unos versos de fray Íñigo de Mendoza, autor del siglo xv:

Eres niño y has amor:
¿qué farás cuando mayor?

Pues que en tu natividad
te quema la caridad,
en tu varonil edad,
¿quién sufrirá su calor?
Eres niño y has amor:
¿qué farás cuando mayor?

Tal como se ve, este tipo de composición tiene un esquema de estribillo de dos versos, una mudanza de tres versos monorrimos, un verso de vuelta que rima con el estribillo y de nuevo el estribillo (aa bbb a aa).

De los grandes zejelistas andalusíes, hay que destacar al cordobés Ben Guzmán, puesto que incluyó en su obra frases completas y palabras en su romance y es primordial en nuestro conocimiento de esa lengua. Algunas preposiciones y formas verbales las conocemos exclusivamente por él. También nos dio el testimonio de que en Córdoba se hablaba mucho en su juventud, pero ya en su vejez (mediados del siglo xii) casi solo se escuchaba el árabe. Podemos ver entonces cómo se perdió el romance en solo una generación en las grandes ciudades.

El primer zéjel que ofrecemos es de Jon Aundi[6] y hace referencia a la leyenda castellana de los siete infan-

---

6   No creo que sorprenda que donde más expectación haya causado la revitalización del romance andalusí sea en el territorio que heredó su nombre: Andalucía. Seguramente sea la única región de España donde la Hispania musulmana se enfoque desde una óptica identitaria, en los casos más exaltados, hasta un elemento más de lo que nos ha llevado a lo que somos hoy, en los casos más moderados. Sea como sea, un andaluz siempre tiene en cuenta al-Ándalus. Por tanto, uno pensaría que, si un escritor retoma esta lengua, será del sur de España. Pues no, el primer autor que ha habido en romance andalusí en mil años es el riojano Jon Aundi. Y no es casualidad que venga de La Rioja. Pocos lugares han estado más enraizados con la lengua de al-Ándalus. La mayoría de los préstamos que el castellano tomó de su hermana musulmana pasaron primero por el árabe. *Gazpacho, mechinal, chico* o *jurel* fueron palabras con origen en el romance andalusí que pasaron al árabe y de ahí las tomó el castellano. Sin embargo, el castellano riojano es diferente. Allí las palabras de origen romance andalusí llegaron de primera mano, sin intermediario. ¿Como es posible? Pues debido a las migraciones de cristianos andalusíes hacia el reino de León durante los siglos ix y x. Por aquel entonces el castellano y el navarroaragonés estaban ya moldeando su forma definitiva. En pleno proceso los visitó una modalidad mucho más parecida al habla anterior a todas las innovaciones del norte de la península. Las nuevas lenguas se salpicaron de estas palabras que traían sus vecinos del sur, no muy diferentes a como hablarían pocas generaciones antes. Por eso hay dobletes en el castellano riojano como *asa/ansa, cazuela/*

PABLO SÁNCHEZ

tes de Lara. Los infantes fueron asesinados por su tío por culpa de unas falsas acusaciones mientras su padre, Gonzalo Gustioz, estaba prisionero de Almanzor en la corte califal de Córdoba. Allí, Gonzalo Gustioz tiene un romance con la hermana del propio Almanzor, fruto del cual nace el mestizo Mudarra («el Bastardo») González. Cuando este crece, tiende una emboscada a su tío y lo mata sin darle la oportunidad de defenderse para vengar a sus hermanos. Uno de los cantares de gesta más importantes de la literatura castellana fue, precisamente, *Los siete infantes de Lara*. El ejemplo más conocido aparece en el romancero viejo, cuando culmina la venganza por la muerte de sus hermanos:

> *Si a ti dicen don Rodrigo,*
> *y aun don Rodrigo de Lara,*
> *a mí Mudarra González,*
> *hijo de la renegada,*
> *de Gonzalo Gustios hijo*

---

cachuela, *garrapata/caparra* o *lamer/lamber*. Aundi, castellano y aragonesparlante, se interesó precisamente por este lenguaje que interfirió en el habla de sus ancestros. Su curiosidad derivó en convertirse en el primer escritor en mil años en romance andalusí, no solo en poesía, también de novela. Toma así el testigo del autor más prolífico en jarchas, su vecino tudelano Yehuda Halevi. Porque tampoco fue del sur el escritor del que más textos hay en esta lengua…, bueno, ya segundo escritor, porque Jon Aundi le ha quitado el puesto.

y alnado de doña Sancha;
por hermanos me los hube
los siete infantes de Lara;
tú los vendiste, traidor,
en el val del Arabiana.
Mas si Dios ahora me ayuda,
aquí dejarás el alma.
—Espéresme, don Mudarra,
iré a tomar las mis armas.
—El espera que tú diste
a los infantes de Lara;
aquí morirás, traidor,
enemigo de doña Sancha.

Aquí está la misma historia, pero desde el otro lado del espejo, en boca andalusí:

Elli aluaailoni de Mudarra Gontisalbetz

Bai, Mudarra!
Bendikés Kasár de Lara!
Nin arrumí nin muslim
ja non mais mais nobli fid,
bordu in non nomnan ad mib
makkár tollés bendikatza.
Bai, Mudarra!
Bendikés Kasár de Lara!

PABLO SÁNCHEZ

Scankri dos mos bursí en terra
kar scankri dos mos fid bersa,
kar nin un abed klemetza
dos scebti Ifantes de Lara
Bai, Mudarra!
Bendikés Kasár de Lara!

El lamento de Mudarra González

¡Ay, Mudarra!
¡Vengaste la casa de Lara!
Ni cristiano ni muslime
jamás más noble fue,
bastardo me llaman, en cambio,
aunque tomara venganza.
¡Ay, Mudarra!
¡Vengaste la casa de Lara!
Sangre de los míos vertí en tierra
porque sangre de los míos fue vertida,
porque nadie tuvo clemencia
de los siete infantes de Lara.
¡Ay, Mudarra!
¡Vengaste la casa de Lara!

JON AUNDI

A continuación, ofrecemos otros dos zéjeles del mismo autor. Hablan de Musa ben Musa, quien defendió las tierras de su familia, los hijos de Casio, los Banu Qasi, contra cristianos y musulmanes por igual. De la misma forma que se enfrentó a los leoneses de Ordoño II y a sus sobrinos pamploneses, plantó cara a los generales y gobernadores enviados por los emires cordobeses; siempre consideró el valle del río Ebro como su única patria. El primero narra su caída en desgracia y, en el segundo, Musa ben Musa exhorta a sus hombres a defender sus tierras de los gobernadores emirales a los que considera extranjeros impuestos por el lejano poder califal.

Mutza Benmutza tornad de Albelda

Acáir negru,
koperta facaira ferru.
Mankatu uemnes de kerra
rompen esciri de Albelda
Mutza Benmutza en duscejad
scopri kaballu scuperbu.
Acáir negru,
koperta facaira ferru.
«Albelda kon sca ota torri,
konkesí kon bartzu forti,
liahscaraju kal' liatroni
alkatzar ke feci meu».

Acáir negru,
koperta facaira ferru.
«Beni kuardata de torres,
gannái kon de mib liabores,
por kulpa de traditores
de ma scankri atassu perdu».
Acáir negru,
koperta facaira ferru.

Musa Ben Musa vuelve de Albelda

Acero negro,
faz cubierta de hierro.
Un puñado de hombres de guerra
rompen a salir de Albelda,
Musa Ben Musa los guiaba
sobre su soberbio caballo.
Acero negro,
faz cubierta de hierro.
«Albelda con su alta torre
conquisté con brazo fuerte.
Abandonaré como un ladrón
el alcázar que hice mío».
Acero negro,
faz cubierta de hierro.
«Bien protegida por torres,
la gané con mi esfuerzo,

por culpa de unos traidores
de mi sangre ahora la pierdo».
Acero negro,
faz cubierta de hierro.

Jon Aundi

Mutza Benmutza incitad sces ostes

Mare berdi!
Undes de uertzu ed fromenti!
Estes terres que patri Ebru
facéd bibes con sceu betzu
tolleri kered alienu
de ki les abejad scempri.
Mari berdi!
Undes de uertzu ed fromenti!
Prendeti armes filios Qasi!
Ad Tzaracotza ekitati!
Non bos rapen eredtati
kar non kesés defenderi.
Mari berdi!
Undes de uertzu ed fromenti!

Musa Ben Musa arenga a sus huestes

¡Mar verde!
¡Olas de cebada y trigo!
Estas tierras que el padre Ebro
hizo vivas con su beso
las quiere tomar un extraño
de quien las tenía siempre.
¡Mar verde!
¡Olas de cebada y trigo!
¡Coged las armas hijos de Qasi!
¡Cabalgad a Zaragoza!
Que no os arrebaten vuestra herencia
porque no quisisteis defenderla.
¡Mar verde!
¡Olas de cebada y trigo!

JON AUNDI

En principio, el zéjel no trata temas históricos, pero, por influencia del romance castellano, de verso octosílabo, y en atención a la expresión lírica de un personaje histórico o legendario, se adapta bien con este fin. Aun así, el zéjel que sigue está dedicado al momento de la entrada del rey Alfonso en Zaragoza, la Madina al-Bayda, la Ciudad Blanca de los Banu Hud. Alfonso I de Aragón, el Batallador, conquistó Zaragoza a los almohades en 1118, dando fin a uno de los reinos más brillantes y poderosos de las taifas surgidas de la descomposición del califato omeya. El Salón Dorado era la sala del trono del Palacio Real de la Aljafería, sede de los reyes Banu Hud zaragocíes. Estaba forrado de relucientes láminas de bronce bruñido para impresionar a los embajadores. Las torres de la Aljafería, pensadas para ornamentar el palacio y no para defenderlo, aún permanecen en pie, y la antigua Almozara, el descampado a las afueras de la ciudad donde los ejércitos reales se entrenaban, da nombre a un barrio de la ciudad.

Elli rei Adalfonsu entrad en Medina Albaida

Sce apred porta
les kastros de Tzarakotza.
Rei Adalfonsu en entrajad
por esses portes da Algiama.
Tant' scola la Aurija Scala,
de pena ses torres ploran.
Sce apred porta,
les kastros de Tzarakotza.
Tzamutu elli riju korred
tre les scalkos ploratores,
reflehted perses tzorones
des Almutzara hattá Orba.
Sce apred porta
les kastros de Tzarakotza.

El rey Alfonso entra en la Ciudad Blanca

Se abre el portón
de los muros de Zaragoza.
El rey Alfonso entraba
por las mismas puertas de la Aljama.
Tan solo el Salón Dorado
de pena sus torres lloran.
Se abre el portón
de los muros de Zaragoza.
Silencioso corre el río,
entre los sauces que lloran,
refleja las almenas derruidas
desde la Almozara hasta el Huerva.
Se abre el portón
de los muros de Zaragoza.

Jon Aundi

Por su parte, el siguiente zéjel habla de Lubna de Córdoba. La vida de esta esclava cristiana del califa Abderramán III es una de esas historias que parece mentira que no sea de sobra conocida por todos. Lubna estuvo empleada como copista de la biblioteca real, pero tal fue su pericia que terminó como administradora. El sucesor de Abderramán, Alhakén II, la manumitió y elevó dentro de la corte como gramática, poetisa, secretaria personal, copista, matemática y calígrafa. Tanta diversidad ha hecho pensar a algunos investigadores que se haya unido en la figura de Lubna a varias personas diferentes. El caso es que Alhakén tenía un encargo especial para Lubna: recoger cuantos más saberes fuera posible y traerlos a Córdoba. Para eso la mandó a El Cairo, Damasco y Bagdad, a recopilar libros que traer a la capital. La biblioteca cordobesa albergó 500 000 libros gracias a Lubna. Sabemos que no trabajó sola, sino que le dio la oportunidad a otra mujer de acompañarla como ayudante. Se llamaba Fátima y ningún dato más nos ha llegado de ella. Pero su destino le deparaba una hazaña aún mayor a Lubna: ser la fundadora de la biblioteca real de Medina Azahara. Desgraciadamente, la historia no acaba bien y todo su legado se perdió con la temprana muerte de Alhakén y el ascenso de Almanzor. El caudillo quemó la biblioteca en el 979 y Lubna murió exiliada en un palacio de Carmona seis años después. Una vida, no obstante, más que digna de ser contada.

Lubna Al Qurtubijja

Ke elli molli papirellu
poded kontra acairu negru?
Les paulelles de cenisca
kattad Lubna Al Qurtubijja,
karpen pettatzos xa bita

ed addafinan en celu.
Ke elli molli papirellu
poded kontra acairu negru?
Acairu ed flamma bermelia
uren kodes liettra ad liettra,
pergaminu ed tinta negra,
negra la liákrima en ueliu.
Ke elli molli papirellu
poded kontra acairu negru?
Liákrima scolta, non aben
scaliri ja mais les liákrimes,
non tantu scauten les flammes
debanti rostru sceberu.
Ke elli molli papirellu
poded kontra acairu negru?
Rostru sceberu de uemni
sculu faced sce temeri,
ke poded fari mulieri,
kanna liebi kontra ferru?
Ke elli molli papirellu
poded kontra acairu negru?
Alkilmes ed koitacones,
azzameni scapitones,
de Lubna dijes ed nohtes
sce fan fumu ceniscellu.
Ke elli molli papirellu
poded kontra acairu negru?

Tzalám, Madina Azzahara,
kasár de sciletzu ed pasca,
de elli kálamu fis farta,
da espata baca ad tib bedu.
Ke elli molli papirellu
poded kontra acairu negru?

Lubna la cordobesa

*¿Qué puede el blando papel
contra el acero negro?
Las mariposas de ceniza
observa Lubna la cordobesa,
arrancan trozos de su vida
y los entierran en el cielo.
¿Qué puede el blando papel
contra el acero negro?
Acero y llama roja
queman los libros letra a letra,
pergamino y tinta negra,
negra la lágrima en su ojo.
¿Qué puede el blando papel
contra el acero negro?
Una lágrima sola, no pueden
derramarse más lágrimas
mientras dancen las llamas
delante del severo rostro.*

¿Qué puede el blando papel
contra el acero negro?
Severo rostro de hombre
que solo se hace temer,
¿qué puede hacer una mujer,
caña leve frente a hierro?
¿Qué puede el blando papel
contra el acero negro?
Palabras y cavilaciones,
el tiempo de los sabios,
de Lubna los días y noches
se hacen humo ceniciento.
¿Qué puede el blando papel
contra el acero negro?
Adiós, Medina Azahara,
hogar de paz y silencio,
por la pluma fuiste llena,
por la espada vaciada.
¿Qué puede el blando papel
contra el acero negro?

Jon Aundi

En La Rioja, Préjano es una localidad en la que se abre un pequeño paso entre montañas que lleva hacia el sur, hacia la meseta. Actualmente está casi impracticable, pero en la Edad Media había caminos de pastores que permitían a los ejércitos tanto musulmanes, en el valle del Cidacos y en la cercana fortaleza de Arnedo, como cristianos, en la vecina Castilla, pasar de un lado a otro para atacarse mutuamente. En este caso, el tema universal de las jarchas, el lamento amoroso de una joven, evoca estos episodios en este escenario olvidado de nuestra historia.

Montes kambos

Montes kambos,
kana scumma de mos pagos:
ruellates ed hamres liombes,
giilakes, petres retomes
de ob bentu jelatu scones,
benen pedes fatigatos.
Montes kambos,
kana scumma de mos pagos.
Mulieres ed uemnes akka
bihscís, atassu scos liarba
de ma terra feita aluahsca
de azzameni ed dos estranios.
Montes kambos,
kana scumma de mos pagos.

Montes curvos

Montes curvos,
cima cana de mi tierra:
lomas arrugadas y rojas,
aliagas, piedras redondas,
de donde el ruido del viento helado,
vienen mis pies fatigados.
Montes curvos,
cima cana de mi tierra.
Mujeres y hombres que aquí
vivisteis, ahora sois un fantasma
de mi tierra abandonada
por el tiempo y los extraños.
Montes curvos,
cima cana de mi tierra.

JON AUNDI

Por Portellu

Por portellu
Préscanu sce tolleri en bedu.
Fusiél elli unu, arrumí
mauriél autri, almuslimí
meu estimari am scon de mib,
les dos, mamma, ke eu en keru.

Por portellu
Préscanu sce tolleri en bedu.
Por o monti ad kerra baden
unu ad autri mattari aben,
kali de dos ad mib falled?
De ki non abraju betzu?
Por portellu
Préscanu sce tolleri en bedu.

Por el portillo

Por el portillo
de Préjano, marchar los veo.
Rubito el uno, cristiano,
morenito el otro, musulmán.
Los dos me gustan,
los dos, madre, que yo quiero.
Por el portillo
de Préjano, marchar los veo.
Por el monte van a la guerra,
uno al otro se han de matar,
¿cuál de los dos me ha de faltar?
¿De quién no recibiré un beso?
Por el portillo
de Préjano, marchar los veo.

Jon Aundi

Pablo Sánchez

La gacela

La gacela es una forma poética típica de todo el mundo islámico. Tiene una estructura que nos recordará al zéjel, pero en la gacela el estribillo toma mayor protagonismo y se repite de manera insistente. La temática también es característica, puesto que las gacelas son canciones picantes (si bien no todas las gacelas lo son). Para hacernos una aproximación, la famosa *Con altura* de Rosalía suena muy parecido, con rima en cada verso (*dura, altura, travesura, cura, sepultura*) y repetición insistente de *con altura*.

Esta forma poética fue otro de los elementos literarios que recuperó el andalusismo, el movimiento romántico de la Andalucía de hace un siglo que abogaba por un origen andalusí en el ser de los andaluces.

A algunos os sonará la gacela por los poemas a los que dio ese nombre Lorca. Aunque no son exactamente gacelas, algunas presentan tema erótico y en algunos casos rima en todos los versos, en otros rima sostenida en pares y otras variaciones, como todo pareados en la «Gacela de la terrible presencia», una de las más conocidas:

> *Yo quiero que el agua se quede sin cauce.*
> *Yo quiero que el viento se quede sin valles.*

Quiero que la noche se quede sin ojos
y mi corazón sin la flor del oro.

Que los bueyes hablen con las grandes hojas
y que la lombriz se muera de sombra.

Que brillen los dientes de la calavera
y los amarillos inunden la seda.

Puedo ver el duelo de la noche herida
luchando enroscada con el mediodía.

Resisto un ocaso de verde veneno
y los arcos rotos donde sufre el tiempo.

Pero no me enseñes tu limpio desnudo
como un negro cactus abierto en los juncos.

Déjame en un ansia de oscuros planetas,
¡pero no me enseñes tu cintura fresca!

Dentro de la literatura erótica como la de la gacela, uno de los temas más clásicos de la literatura hispanoárabe y que cultivaron prácticamente todos los poetas fue la poesía homoerótica andalusí. Almutamid, el último rey sevillano tendría que ser nuestro invitado de honor, puesto que no solo escribió poesía homoerótica, sino también jarchas en romance. Jugaban con la ambigüedad del sexo y precisamente en eso el andalusí es buena lengua, puesto que en muchas palabras desaparece la dualidad del género gramatical. Los plurales del artículo, de los determinantes e incluso adjetivos como *tali* ('igual') o *mali* ('malo') eran indistintamente masculinos y femeninos. Muchos de estos poemas se perdieron tras la conquista. El mismo cardenal Cisneros quemó públicamente muchos manuscritos y se utilizaron como propaganda ideológica sobre la corrupción moral andalusí.

En las dos siguientes gacelas que ofrecemos, trabajamos este tema. La palabra *habibi* es una palabra ambigua en árabe porque, aunque es masculina, se usa en contexto coloquial para ambos géneros. Esta ambivalencia nos viene de perlas para jugar con la «confusión» de la poesía homoerótica andalusí.

Tanta kaima

En estibu tanta kaima!
En estimu tanta kaima!
Por liebari, badu ad auka.
Elli la baid, tanta kaima.
Ja nin bistu bella kausa
ed me bisu, tanta kaima!
Sce me pekad, komu ausad!
Sci sce pekkad…, tanta kaima!

Qué calor

En verano, ¡qué calor!
Por eso me gusta, ¡qué calor!
Para soportarlo, voy al agua.
Y allá va él, ¡qué calor!
Ya ni me visto con nada
y me ha visto, ¡qué calor!
Se me pega, ¡cómo osa!
Ojalá se peque, ¡qué calor!

Pablo Sánchez

Ke habibi jed ad jana? Beni ed entra!
Trajed sceti, trajed kaima? Beni ed entra!
Indad mibi jed la pasca. Por ke esperas?
Kar meu korpu jed ta kasa. Beni ed entra.

¿Por qué está el amado en la puerta? ¡Ven y entra!
¿Trae sed, trae calor? ¡Ven y entra!
A mi lado está la calma. ¿Por qué esperas?
Pues mi cuerpo es tu casa. Ven y entra.

Pablo Sánchez

En la pieza que viene a continuación he modificado un poco la estructura de la gacela, aunque sigue siendo reconocible. Es una descripción de uno de mis cuadros favoritos, *Et in arcadia ego*, del francés Nicolas Poussin. En la obra, un grupo de pastores descubren una tumba que les hace ser conscientes de su propia mortalidad.

Et in Arcadia ego:
Abanti la falaconi,
atassu ke cessad nohti,
akka arripad el' pastori
jed de bita, non de morti.
Arabata retru árbori
penzi scented sce una boci
ed i askohtad el' pastori:
Ke jed bita? Ke jed morti?
Chatír scen non aranioni,
la bollikad barafoni.
En talabad ad pastori:
Ke jed bita? Ke jed morti?
En o scemi kuraconi
una scemna man de pori.
Sce talabad el' pastori:
Ke jed bita? Ke jed morti?
Sce perdekad la pertzoni
ki tokata por tolori
ad scib' garred el' pastori:
Ke jed bita? Ke jed morti?

Et in Arcadia ego:
Antes de amanecer,
ahora que acaba la noche,
aquí llega el pastor,
tiene vida, no muerte.
Escondida tras un árbol
casi se siente una voz
y la escucha el pastor:
¿Qué es la vida? ¿Qué es la muerte?
Sepulcro sin arañazo,
allí descansa (el) brazo,
de ahí pregunta al pastor:
¿Qué es la vida? ¿Qué es la muerte?
En el medio del corazón
una semilla grande de miedo.
Se pregunta el pastor:
¿Qué es la vida? ¿Qué es la muerte?
Desaparece la mentira
que se ha intercambiado por dolor.
Y se dice el pastor:
¿Qué es la vida? ¿Qué es la muerte?

PABLO SÁNCHEZ

La jarcha

Las jarchas eran un tesoro escondido de la lírica medieval. Las primeras poesías en cualquier lengua romance y el testimonio definitivo de que al-Ándalus hablaba su propia evolución del latín. Digo esto último porque la lengua romance se conocía, pero se consideraba un dialecto arcaico del castellano que los cristianos habían mantenido. Pero no: ni castellano, ni (solo) de cristianos, aunque lo de lengua mozárabe ya se le ha quedado como nombre y no va a haber quien se lo quite.

Las jarchas, al estudiarse por separado, dan la impresión de ser una especie de haikus a la española. Pero nada de eso: no son composiciones independientes ni tienen entidad en sí mismas, sino que son los versos finales de las estrofas de la moaxaja. Es más, la propia palabra *jarcha* significa 'salida' en árabe (que en romance se llamaría *escita*). Tampoco hay unidad estructural entre ellas. Son composiciones muy breves en las que predominan las estrofas de cuatro versos. De hecho, más de la mitad de las jarchas romances son así. No obstante, esto fue una tendencia, porque realmente no hubo unidad de sílabas ni rima. Incluso en las composiciones de cuatro versos, pueden rimar todos los versos, tres de ellos o solo dos. Tampoco el número de sílabas es homogéneo y en una misma pieza puede variar de un verso a otro. Lo que las une a todas es el hecho de aparecer al final de la moaxaja y su temática: versos de amor perdidos en labios de una joven desconsolada.

Podemos decir que las jarchas se caracterizan no tanto por la estructura, sino por la temática y tratamiento. Como tal, son composiciones poéticas muy breves que ya hemos comentado que tienen total libertad de métrica, verso y rima. En lo que coinciden es en el lenguaje coloquial, en cantar generalmente a la ausencia de amor, narrarse en primera persona y dirigirse al amado. Podríamos decir que cuando hablamos de crear una jarcha es más una cuestión romántica. No se trata de qué es técnicamente una jarcha sino qué sentimos como tal.

El origen de las jarchas es confuso. Parecen ser coplillas populares que el poeta recoge para escribir su mensaje a partir de ellas. Algunos estudiosos las ponen en relación con los villancicos castellanos y las cantigas de amigo gallegas. Incluso hay quien busca la conexión con la seguiriya flamenca, pese al salto temporal de cinco siglos entre la desaparición de una y la aparición de la otra. Otros, como el eminente arabista Federico Corriente, las consideran parte de la tradición literaria islámica, como refleja su métrica. Es decir, las jarchas mantienen el metro árabe, al igual que el resto de la moaxaja. Por tanto, serían creaciones nacidas de la propia poesía islámica. Sea como sea, su importancia literaria y filológica es capital. Benditos andalusíes que nunca se olvidaron de que no solo hablaban árabe, sino también una preciosa lengua latina con la que nació la poesía romance.

La primera poesía en lengua romance de la historia sonaba así:

> Tant' amari, tant' amari.
> Enfermeron uelios giidos
> ed dolen tan mali,

que podemos traducir:

> *De tanto amar, de tanto amar*
> *enfermaron ojos sanos*
> *y duelen demasiado.*

Es una jarcha muy conocida en la que todas las palabras nos suenan en castellano (excepto *giidos*, que es un arabismo). Esta similitud es bastante excepcional, como habrás podido observar de poemas anteriores. Por cierto, no serías el primero en quejarte de que castellano y andalusí no sean inteligibles. El granadino Moses Ibn Ezra ya despotricaba de viaje por Castilla de que a los castellanos no había quien los entendiera. Literalmente, los describió así: «pueblo de labios balbucientes y hablar incomprensible». Ahí es nada. ¿Y cómo hablaba Moses? Pues lo sabemos porque de él conservamos un par de jarchas, como esta:

Filiolu alienu,
bibatzi addormas
ad meu scenu.

Compañero forastero,
pronto te adormezcas
en mi seno.

Así que podemos entender su enfado al no poder comunicarse correctamente en tierras de Castilla.

La pena de amor expresada en labios femeninos también está en esta otra célebre jarcha:

Ke faraju mamma
au que scerád de mibi.
Scen el' habibi non bibraju,
ad ob' iraj' demandari?

Qué haré, mamá,
o qué será de mí.
Sin el habibi no viviré.
¿A dónde iré a buscarlo?

La influencia del árabe es notoria. Lo vemos en cambios semánticos, como *demandar,* que toma el mismo significado de 'buscar' que tiene en árabe. La palabra *bibatzi* es una confluencia del romance **bibachi* 'vivaz' con el árabe *batsi*. También la sustitución de palabras romances por otras semitas, como el omnipresente *habibi*, aunque aquí hay que matizar que no es ni exactamente 'amigo' ni tampoco 'querido', sino una mezcla entre ambos. Lo más parecido quizá sea el actual *amigo con derecho a roce*.

Otro ejemplo muy interesante es la siguiente jarcha, compuesta por el Ciego de Tudela y de la que se conservan varias copias. Una de ellas es de los pocos manuscritos que se encuentran aún en España, más concretamente en la biblioteca del Real Monasterio de San Lorenzo de El Escorial. El resto están principalmente en universidades británicas y estadounidenses:

> Meu al-Habibi,
> enfermu de meu amar'
> kerrád scanar'.
> Ya nin kes' ad mi' ber'.
> Koscéd' meu llokár

> *Habibi mío,*
> *enfermo de mi amor*[7]
> *querrá sanar.*
> *Y ni me quiso ver a mí.*
> *Ponte en mi lugar.*[8]

---

7   Literalmente, 'mi amar'.
8   Literalmente, 'coge mi lugar'.

Realmente son muy pocas las jarchas que contienen texto en romance y menos aún las que no lo intercalan con árabe. Son un buen ejemplo de lo cada vez más minorizada que andaba la lengua y su paulatina sustitución por el árabe. Por eso acabamos la explicación con esta jarcha. El despecho de una amada asumiendo que otra ocupa su lugar en el corazón de su amado bien podría ser el reproche del romance reconociendo que ya no lo quieren hablar:

> At-tzaba bonu,
> gar me de on benes.
> Ja lo scaj' ke autri amés.
> Ad mibi tu non keres

> *Buenos días.*
> *Dime de dónde vienes.*
> *Ya lo sé que a otra amaste.*
> *A mí ya no me quieres*[9].

El escritor cordobés Antonio Manuel es uno de los primeros literatos en interesarse por el romance andalusí desde una óptica andalusista, esto es, desde una idealización de la Hispania musulmana como base de la cultura andaluza actual. Para su novela *La voz que fui-*

---

9   O *buscas.*

mos compuso una nana popular con la que rememora la idea de que estas jarchas no eran creaciones populares, sino coplas que el pueblo conocía y recitaba y que los poetas posteriormente añadieron a sus moaxajas:

La gerra jed
en kal scijad partzi
obi tu non scijes
nin eu te illudassi.

La guerra está
en cualquier parte
en la que tú no estés
ni yo te imagine.

Antonio Manuel

En el siguiente caso, un breve poema a modo de jarcha de Jon Aundi, el tema de la pena por la ausencia del amado se moderniza y se torna desdén; el amado ha tratado mal a la joven y esta manifiesta su hartazgo a su madre y su intención de no volver a verlo:

Ed sci non tornad, ja mamma!,
eu non baidu demandari.
De esti alhabibi í sco farta,
elli me kesíd tant mali.

Y si no vuelve, ¡ay, madre!,
yo no voy a buscarlo.
Estoy harta de este amigo,
me ha querido demasiado mal.

JON AUNDI

Pese a la prohibición expresa del consumo de alcohol en el Corán, los poetas andalusíes hicieron del vino uno de sus tópicos por excelencia. Se asociaba a los placeres de la vida, pero también con una dimensión amorosa, haciendo el símil entre estar embriagado de vino y estar enamorado. Aunque literalmente es impropio crear una jarcha en el siglo XXI, porque, para empezar, primero tendríamos que crear la moaxaja con la que la jarcha termina, las siguientes composiciones son breves, tienen libertad de verso y rima y mantienen uno de los tópicos de la jarcha: dirigirse expresamente al amado.

Kálici en ma manu!
Kandu te fartas de binu,
de mes liákrimes te bacas.

¡Copa en mi mano!
Cuando te llenas de vino,
de mis lágrimas te vacías.

JON AUNDI

PABLO SÁNCHEZ

De mib bokka farta con un betzu
de ubes ed binu dolci,
ed de amori esta nohti
kar eu kras moriri temu.

Llena mi boca con un beso
de uvas y vino dulce,
y de amor esta noche
porque temo morir mañana

JON AUNDI

La importancia de la jarcha no viene tanto de su entidad como forma poética. Realmente no la tenía, pues al ser parte de la moaxaja no se puede entender fuera de esta. Su verdadera importancia viene de haber sido la primera vez que se utilizaba la lengua romance para la lírica y por lo célebres que se han hecho. Al final ha ido tomando una entidad propia que nunca tuvo en origen. Hoy entendemos por jarcha una composición breve, de entre tres y cinco versos, libertad en la rima, protagonista femenina y temática amorosa. ¿Esto es una jarcha? Quizá no…, pero se siente así.

Komu leska ured la flamma,
makkár liebaira la tankad,

assí de tib' la ueliata
koracón' de mib' scoliamad.

Como la llama prende la yesca,
aunque la toque leve,
así tu mirada
enciende mi corazón.

JON AUNDI

Las que siguen son jarchas «neoclásicas», que po-
drían pasar perfectamente por originales del siglo XII,
poniendo en boca de una desdichada andalusí la pena
por la ausencia de su amado:

Ja, baid sce de akka meu habíb',
meu kuracón' non poded batteri.
Ja, meu habíb', ja, meu habíb',
ploru ad tibi por ehscisteri.

Ya, se va de aquí mi amado,
mi corazón no puede latir.
Ya, mi amado, ya, mi amado,
te lloro a ti por existir.

MARTÍ

Ja, alhabibi, non plorari!
Retru assabah
abed nohti de tornari
en unu nos toparád.

¡Ya, amado, no llores!
Tras la mañana
tiene que llegar la noche
que juntos nos encontrará.

Jon Aundi

Non keres garriri alkilma
nin ad tib' eu garriraju.
Kon essi tediu de tib'
abi de mib' icabatu.

No quieres decir nada
ni a ti nada diré.
Con tu aburrimiento
ten de mí la respuesta.

Jon Aundi

Non demandari de mib
mais ke akestu potu dari:
belles alhalues ed binu
ed bessos rimatos tant mali.

No pidas de mí
más que esto que puedo dar:
algunas golosinas y vino
y versos tan mal rimados.

JON AUNDI

Komu la flamma ured leska,
makkár liebaira la tankad,
assí de tib' la ueliata.
Kuracón' de mib scoliamad.

Como la llama quema la yesca,
aunque suavemente la toque,
así por ti soy ojeada.
Mi corazón se enciende.

JON AUNDI

Por ad tib' non mirari
krejes non keru:
uelios tant' beni araban
amori ad pehtu.

Por no mirarte
crees que no te quiero:
los ojos esconden demasiado
amor en el pecho.

Jon Aundi

Alejandro Molina Bravo es novelista y compañero en
el Museo Nacional del Prado. Ha visto desde el principio
cómo nacía y maduraba el proyecto de recuperación del
romance andalusí. La poesía era su asignatura pendiente
y aquí ha visto la oportunidad de lanzarse. Ha querido
colaborar con tres jarchas clásicas: metro, verso y rima
libre, narradas en primera persona, y hablando directa-
mente al objeto de amor perdido.

Habibi garru, mas koitu amori,
ed malediktu
ell' rokoni kuraconi
ki esperatza non persitu.

Digo amigo y pienso amor,
y maldito
el rincón de mi corazón
que la esperanza no perdió.

ALEJANDRO MOLINA BRAVO

Fis te, habibi,
non fis amatu…
Ad tibi tacu.

Te fuiste, amigo,
no fuiste amado…
A ti te callo.

ALEJANDRO MOLINA BRAVO

Ya, sci scapessed elli
ke scaju ke potu,
mas de tantu poteri,
non potu.

Ay, si él supiera
que sé que puedo,
pero, de tanto poder,
no puedo.

ALEJANDRO MOLINA BRAVO

PABLO SÁNCHEZ

La macama

La macama fue una forma literaria originaria de Persia que se expandió por al-Ándalus con enorme éxito. Se trata de una pequeña pieza de prosa rimada en la que se van intercalando poesías y canciones. Tiene una estructura fija, en la que el protagonista se presenta y nos sitúa en el escenario o ciudad en el que se desarrolla la narración. A continuación, nos cuenta una historia en primera persona. Se trata de un pícaro que engaña a su víctima con su elocuencia, y el texto termina con un resumen de la historia o una breve moraleja.

Se ha tratado de enlazar la tradición de la macama con la de las novelas de picaresca, quizá por medio de la tradición morisca, pero es solo una teoría. De la literatura árabe andalusí saltó a la hebrea e, incluso, el recurso de la prosa rimada tuvo éxito para componer cartas y epístolas. La macama no tuvo continuación una vez conquistada al-Ándalus en el nuevo marco histórico y cultural hispano. No obstante, al ser composiciones breves que se solían recopilar en conjuntos de 50, se vincula esta tradición andalusí con las colecciones de «exempla»[10] cristianas de la Edad Media y Moderna.

---

10   Los *exempla* (plural latino de *exemplum* 'ejemplo') son colecciones de cuentos o fábulas con intención moralizante. A partir del

Seguramente no es que haya una relación directa entre ambas, sino que las dos responden al mismo espíritu de la época de recopilar fábulas y cuentos moralizantes en un solo volumen.

La importancia cultural de la macama no es solo literaria, sino que los textos se adornaron con miniaturas, iniciando una notable producción pictórica. De hecho, el único ejemplo que conservamos de manuscrito andalusí ilustrado es, precisamente, de una macama.

Nosotros hemos escrito una, que incluye una breve moaxaja del mismo estilo de «Zulema». Se inspira en una historia que recogió el escritor argelino Al Maqqari en su libro *Kitab Nafh al-tib*: el bandolero Al-Bazí, apodado Halcón Gris, condenado a la cruz por Almutamid y al que terminó indultando y nombrando gendarme. Puede ser la primera macama escrita en suelo ibérico en más de medio milenio:

PABLO SÁNCHEZ

Elli falkoni ceniscellu

En Isbiliya ad una maisconi, topemu Al-Bazí bebetori. Jaumi rotair bili, jerad bestu de arrakibi. Torbatos le talabemu ed garridi ad nos en essu:

Ad scumma una krusci adtammai, kar mala bita guastai, au non, garritu malu, por esseri kattibatu. Ad mos pedes jeran famma, la mulier ed filia amata. La esposa gritadi autu: ke scerád de nos atassu? Ed kaneri encettadi filia esta mololia hazina:

> Falkoni ki ja non bolad
> Ed ki ad nidu ja non boltad
> Falkoni ki ad perdekona
> Tan scula la liahscarád.
> Des la rama en obi fikkad
> Ad matruana elli sce finkad
> Kattandi liegad ákila
> Ki ad pollella ducerád.

En essu unu karru aparedi, ed la furtza eu bedí ad elli, kar cibaires portajad, akkrandi jubí sca karka.

Gritai: «Ja! Tziddi! beni ed mira ad mibi! Scaju sco unu furtabibi. Mas scenti atenttu ed gannarás bon profeitu. Mira akesti potzu. La liancai centu

scoldu. Mas bedes ke fi kattibu, sci tu keres lo es-
parimu. Ed non temes elli karru, ma familia kedad
ad karku».

Ed kalen at-tagiir deretzadi hattá i. Unu koncál
koliedi ed ad fondoni sce messedi. La mulier kar-
tadi elli conchál, ed elli at-tagiir ad potzu fikkád.
Elli karru elles rauberon ed al-kabír uahssa feron.
Ajeron beni hatrella ed elli giiptziaku la restad.
Pauku retraira autri mercalioni pasadi ed scentidi
sceu aluailoni. Miradi enta potzu ed besedi uemni
ad fondu. Ad esciri i ajutadi ed kandu scalbu, ad
krusci adsijiladi: «Akesti prabu me enkaniadi ed
eu acessí ad sceu llaci».

Autri judicu nobellu ad falkoni ceniscellu, adé
ad hattá kandu ad krusci ja jera atatu. Elli judici en
essu talabadi: Garriti: Por ke lo fari? Sci la morti
sce adunnadi. Icabai: «Placeri manu, meu tziddi.
Sci lo bibés kallarás ad mibi».

Akkrandi ad rideri encettadi ed elli amiri
liahscadi:

—Sci eu te adhurru sci eu te ajutu, tu repentes
teu assuntu?

—Elli errori en aju discutu

Ed atassu ja me bedés, arrakibi me fecedi amiri
fidél.

Abanti fini, una kausa bos garru: Ja non mais
fides farnatu, ad hattá ad krusci forkatu.

El halcón gris

En Sevilla, en un mesón nos encontramos a Al-Bazí bebiendo. Anteriormente había sido un vil bandolero, pero ahora estaba vestido de guardia. Le preguntamos extrañados y esto fue lo que nos dijo:

En lo alto de una cruz me encontré por haber llevado una mala vida. O no, lo he dicho mal: por haber sido apresado. A mis pies allí estaban mi mujer y mi amada hija. La esposa me gritó en alto: «¿Qué será de nosotras ahora?». Y la hija comenzó a cantar esta triste canción:

> Halcón que ya no vuela,
> que a su nido ya no vuelve.
> Halcón que a su jovenzuela
> tan sola la dejará.
> Desde la rama donde está
> a la madera se clava
> observando acercarse al águila
> que a la pollita se llevará.

Entonces llegó un carro y vi en él la oportunidad, pues provisiones portaba y yo deseé su carga. Grité: «¡Eh, señor! ¡Ven y mírame! Sé que soy un ladrón. Pero oye atento y conseguirás buen provecho. Mira ese pozo. Allí lancé cien monedas. Si tú quieres lo *compartimos. Y no temas por el carro, mi familia queda a su cargo». Por eso el mercader se dirigió hasta allí. Una cuerda cogió y al fondo se metió. La mujer cortó la cuerda y el mercader en el pozo se quedó. Robaron el carro y abandonaron el cementerio. Hicieron bien la treta y el desgraciado allí se queda. Poco después otro mercader pasó y escuchó el lamento. Miró dentro del pozo y vio un hombre al fondo. Le ayudó a salir y ya a salvo señaló a la cruz: «Ese malvado me engañó y yo caí en su treta».*

Otro nuevo juicio al halcón gris, también incluso cuando a la cruz ya estaba atado. El juez entonces preguntó: «Decid: ¿Por qué hacerlo? Si la muerte se acercaba». Respondí: «Mi señor, el placer es enorme. Si lo viviese, me entendería».

Por eso empezó a reír y el príncipe continuó:

—Si te libero, si te ayudo, ¿te arrepientes de tus asuntos?

—El error lo tengo aprendido.

Y ahora ya me veis, guardián me hizo el emir fiel.

Antes del final una cosa os digo: nunca te fíes de un bribón, aunque esté en una cruz colgado.

PABLO SÁNCHEZ

2

El romance andalusí y la lírica romance

El romance

El romance como género lírico es una innovación genuina de la literatura española, aunque sería más preciso decir de la literatura castellana, puesto que se dio en esta lengua casi en exclusiva. Fue una evolución del cantar de gesta que, digamos, se cortó por la mitad. Así, si estos eran versos monorrimos de 16 sílabas, al dividirlo nos quedaban versos octosílabos que solo rimaban en pares.

Con todo, aunque los moriscos hubieran conservado su lengua romance, es harto improbable que se hubiera desarrollado esta tipología entre ellos. Para empezar, proviene de una tradición histórica y cultural completamente ajena a al-Ándalus. Segundo, porque está casi genéticamente ligado a la lengua castellana. Sería como pedirle al castellano que produjera una jarcha, no funciona así. Cómo será que ni siquiera se desarrolló en el resto de lenguas ibéricas y en estas sí que se seguía escribiendo.

Queda claro que el romance es castellano. Entonces, ¿a qué viene escribir no solo uno, sino varios romances en andalusí? Pues porque nos sirve para validar cómo se adapta un idioma a una estructura apropiada para otra lengua diferente. Para empezar: castellano y andalusí no riman. Parecerá una obviedad, pero merece la pena detenernos a analizar la razón. Vamos a remontarnos a la introducción de este mismo libro, en la que decíamos que el andalusí no pertenecía a la familia de ninguna otra lengua ibérica. ¿Qué significa exactamente esto? Pues que, en el norte de Hispania, el latín final evolucionó de una manera similar y a su vez de manera diferente a como estaba cambiando el latín del sur y la meseta. El latín norteño se fue a su vez diferenciando entre sí a medida que pasaba el tiempo, pero con unas características comunes que ya no compartía con el resto de evoluciones del latín. Es decir, tanto el léxico que perduró del latín como los procesos evolutivos que cambiaron la forma final de estas palabras se parecían a los gallegos y asturianos. Es así porque compartieron pasaje en el trayecto desde el latín al romance, pero el andalusí iba en un vagón diferente. Resultado final, que *pie* no rima con *pedi*, ni *ojo* con *ueliu* ni *hombre* con *uemni*. Por otra parte, quizá no sea una lengua que se amolde de manera orgánica al verso octosílabo. Las palabras andalusíes son más largas que las castellanas: las vocales finales se mantenían y la [d] intervocálica también. Desde luego que en ocho sílabas no cabe con facilidad una frase andalusí. Si lo hace es por la posibilidad de omitir el relativo, el artículo, la preposición *de* y el verbo copulativo por influencia del árabe. De esta versatilidad me habló un día el escritor Jon Aundi: «El romance andalusí es un idioma muy plástico, lleno de recursos expresivos para la intimidad, moldeable y adaptable al verso. Es una lengua ideal para la expresión poética y los poetas andalusíes lo percibieron».

Los romances tienen la historia como tema general y el conflicto bélico omnipresente (historia y guerra son conceptos difíciles de separar). Sin embargo, los cantares de gesta franceses y alemanes abrieron su abanico a la mitología germánica y clásica. En los siguientes ejemplos, he continuado esta tendencia con mis romances andalusíes sin más excusa que mi pasión por la mitología. Curiosamente, uno de los temas estrella de los cantares de gesta fue el conflicto andalusí. El ejemplo más conocido es el del Cid, pero el mismísimo *Cantar de Roldán*, primera obra de la literatura francesa, trata la guerra de Carlomagno contra el emirato para la consolidación de la Marca Hispánica.

Baccu ed Ariadna

—Por ke hazina, tzidella,
ploratora mais do mari?
Uelios borru, albella faci…

Ki te feredi tan mali?
—Iti liessos, non bos kallu
nin aju bos konfidari,
kar scos unu tali de elli.
Liahscat' mundu me obridari.
—Eu sco elli deus do binu,
da festa, lietitza ed gotzari.
Garri ad mibi, ma sceniora
ki te afflijed au te daiffadi.
—Fi klara, non fablaraju
nin ad unu celestiali.
Ajutai scerbu les deuses
ed meu premiu fid' penari.
—Konta ta estoria, kesita,
ad tibi bolu askohtari.
Promettu te kandu cesses
por' boltarád formakari.
—Non kapu bostra insistetza,
Non aj' tantu de narrari.
Poren elli uemni ke amai
fi ferramenta ke usadi.
Scen non mibi, bil' Teseu
non arcereyad la scangri.
kar elli umanu tauresku
de una lazma la tirari.
Mas edessu en adamata
de benceri di la klabi.

Kon una filaca i donai
Poren escita topari.
Ed retraira sca bihtoria
non rekeréd' me ja lasci.
Ki debeyad me la bita
obridád' sce tan bibaci.
Akambanai i ad la bolta
ad sca nau ad sca cibtati.
Bollikemu en esta isca
poren uahsca ad mibi fari.
Kallarás ke atassu plored
ed por scempri aju plorari.
Ja scentís ma estoria, kaped.
En essu estinïet', perdekati
—Scou unu deus ed totu potu,
ad hattá ad tibi alebiari.
Sci unu uemni te feridi,
aliu baid ad te scanari.
—Ja adtammati, non bos kreyu.
—Non ad mibi as judikari.
En illa ad esta promesa
toparás non kausa tali:
Por unu uemni scofrés,
por unu deus as scalbari.
Ficca ad mib', es ma mullér
por en tota eternitati.
—Non audís non acreditu?

Por en mibi scos ekani!
—Non ma kilma, ma korona
scerád proba da berdati.
Sci Teseu adabadi te,
eu mostraju te ad aalim.
—Komu bos en demostrés
sci ma resposta fossed scim?
—Una korona de estelles,
jaluccatora de paci,
des ta kapetza sce irád
ad el' tehtu siderali.
Ed totu uemni berád
la korona borealis.
—Sca bokkella non me mented?
—Vai ad mibi, ma inmortali.

Baco y Ariadna

—¿Por qué, triste señorita,
(estás) llorando más que el mar?
Ojos enrojecidos, blanquecina cara…
¿Quién te hirió demasiado?
—Id lejos, no os conozco
ni confiaré en vos,
pues sois uno igual que él.
Dejad (que el) mundo me olvide.
—Yo soy el rey del vino,

de la fiesta, alegría y gozo.
Dime a mí, mi señora,
quién te aflige o te dañó.
—Fui clara, no hablaré
ni a un celestial.
Ayudé (a un) siervo (de) los dioses
y mi premio fue penar.
—Cuenta tu historia, querida,
a ti te quiero escuchar.
Prometo que cuando acabes
el miedo se volverá sonrisa.
—No comprendo vuestra insistencia,
no tengo tanto que contar.
Para el hombre que amé
fui (la) herramienta que usó.
Sin mí, el vil Teseo
no habría conservado la sangre.
Pues el humano taurino
de un bocado se la sacaría.
Pero del todo de él (la) enamorada
de vencer (le) di la clave.
Con un hilo (que) le di
para (la) salida encontrar.
Y, tras su victoria,
no me pidió ya nada.
Quien me debía la vida
me olvidó muy rápido.

Le acompañé a la vuelta
en su nave a su ciudad.
Descansamos en esta isla
para que me abandonase.
Entenderéis que ahora llore
y por siempre lloraré.
Ya escuchó mi historia, ¿vale?
Entonces, desaparezca, escabúllase.
—Soy un dios y todo (lo) puedo,
incluso a ti aliviar.
Si un hombre te hirió,
otro diferente te sanará.
—Ya acabé, no os creo.
—A mí no me juzgarás.
Sino a esta promesa:
no encontrarás nada igual:
por un hombre sufriste,
por un dios te salvarás.
Quédate conmigo, sé mi mujer
para toda (la) eternidad.
—¿No oísteis (que) no (lo) creo?
¡Para mí sois igual!
—No mi palabra, mi corona
será (la) prueba de la verdad.
Si Teseo te escondió
yo te mostraré al mundo.
—¿Cómo lo demostraréis vos

si mi respuesta fuera sí?
—Una corona de estrellas
resplandeciente de paz
desde tu cabeza se irá
hasta el techo sideral.
Y todo hombre verá
la Corona Borealis.
—¿Su boca no me miente?
—Ve conmigo, mi inmortal.

PABLO SÁNCHEZ

Elli giudicu Paris

Eu sco scemplici pastori,
makkár kasa rei pertenka,
sculu adkadu meu ribchaniu
kandu duitori en a scelba.
Tantu giiptziaku sceraju
kar una hazina tertza
Deus do baratu me ebadi.
Parba fortuna me ketad!
Tará scon de frenti ad mibi
tres muliér ki jen altetza.
Non faskár nin paraklitu.
Elli giudicu kometzad.

Pirmaira reina konnibiu,
scekonda da intellijetza,
derradera domna amori
ed an ekani belletza.
Ke gannarád ki kuatanied?
Una matzana konfeita
de auru ed kilmes eskrebtes:
«Scerád poren la mais bella».
Elli beloci impacenti:
«Assijilari una femna
des tres en trascedi ad tibi
tu korona ad mais perfeita».
En essu miradi ad trina,
non topandi differetza.
En o fini appuntaraju
ad ki mori rasca cedad.
Assí garridi pirmaira:
«Eu do Olímpu sco la reina.
Dona ad mibi la matzana
ed liokrarás bita eterna».
Assí garridi scekonda:
«Eu da menti sco la deusa.
Dona ad mibi la matzana
ed liokrarás omniscenca».
Assí garridi tertzaira:
«Sco ki elli amori gobernad.
Dona ad mibi la matzana

ed liokrarás ta domcella».
Akkrandi tantu adamatu
fermosa filiola aliena,
i trokai la frutta aurija
por kuraconi Helena.
Maldeita fortuna mibi,
berediktu adún me liebad,
porke eu kuataniai la pasca,
mas meu pagu perdéd' kerra.
Kar les deuses cincikates
de nin una esseri eleita.
Pauku estetedi lietitza
ad mibi acesedi pena.
Mas la rasca bencetora
perdekari non podejan,
pejori kausa koiteron:
Ke donu fidi kondena.
«Aprirás ad ta adamata,
mas scaliri scangri esperad.
Poren tibi la tzajjida,
poren teu poplu la affrenta».
Les katru deuses boleron
arripatora la scesta,
sculu topai me nobaira
ed turbata la kapetza.
Bibaci passadi tempos,
obridai akesta escena.

Obridai adé les deuses
ja non mais kausa obrideran.
Abí ma muliér ed da deusa,
sca parabra fidi bera.
Tali bera fidi morti
kandu en acés la promessa.
Memorati mes parabres,
por ke assí esta estoria cessad:
eu moirí sco manu amori
ed Troja sco manu greka.

El juicio de Paris

Yo soy un simple pastor
aunque (a la) casa (de) rey pertenezca.
Solo gobierno a mi rebaño
cuando (lo) conduzco en el bosque.
Tan desgraciado seré,
pues una triste media mañana
(el) dios del comercio me encontró.
¡Poca fortuna me queda!
He aquí (que) tengo frente a mí
tres mujeres que son altezas.
Ni fiscal ni abogado.
El juicio comienza.
Primera, (la) reina (del) matrimonio.
Segunda, la de la inteligencia.

(La) última, (la) dueña del amor,
y tienen igual belleza.
¿Qué conseguirá (la) que gane?
Una manzana realizada
de oro y (las) palabras escritas:
«Será para la más bella».
El rápido impaciente:
«Señala a una fémina
de las tres (que) de ahí te traje.
Tú corona a (la) más perfecta».
Entonces miré al grupo de tres
no encontrando diferencia.
Por eso al final apuntaré
a quien mayor premio dé.
Así dijo (la) primera:
«Yo del Olimpo soy la reina.
Dame a mí la manzana
y lograrás vida eterna».
Así dijo (la) segunda:
«Yo de la mente soy la diosa.
Dame a mí la manzana
y lograrás (la) omnisciencia».
Así dijo (la) tercera:
«Soy (la) que el amor gobierna.
Dame a mí la manzana
y lograrás a tu doncella».
Así pues, tan enamorado

(de la) hermosa muchacha extranjera,
a ella cambié la fruta dorada
por (el) corazón (de) Elena.
Maldita mi fortuna.
(El) veredicto aún me pesa.
Porque yo gané la calma,
pero mi país perdió (la) guerra.
Pues las diosas molestas
por ninguna ser elegida.
Poco se mantuvo (la) alegría.
A mí cayó (la) pena.
Pues el regalo vencedor
deshacer no podían,
peor cosa pensaron:
que el don fuera condena.
«Conquistarás a tu amada,
pero surtir sangre espera.
Para ti la doncella;
para tu pueblo, la afrenta».
Las cuatro diosas volaron
llegando el mediodía.
Solo me encontré nuevamente
y confusa la cabeza.
Rápido pasó (el) tiempo,
olvidé esa escena.
Olvidé también a las diosas,
(que) nunca habían olvidado nada.

PABLO SÁNCHEZ

Tuve a mi mujer y de la diosa
su palabra fue verdadera.
Igual (de) verdadera (fue la) muerte
cuando de ellas cayó la promesa.
Recordad mis palabras,
porque así esta historia acaba:
yo morí bajo (la) mano (del) amor
y Troya bajo mano griega.

PABLO SÁNCHEZ

El poema que se muestra ahora no es solo una narración de las hazañas del dios romano. Es también un homenaje a la ciudad donde nací. En Cádiz estuvo el templo de Hércules, famoso porque César lloró ante la estatua de Alejandro Magno. La estatua que lo coronaba, un coloso de más de 50 metros de alto, fue destruida por los almorávides. Al igual que ocurre hoy con la catedral de Santiago, existía la creencia de que el dios estaba realmente enterrado en el templo.

Les dos deci trabaliu Hércules

Por ma bita ed por ma morti
sco nomnatu mais de uemni.
De giurnair ed tantu forti
fi klamatu deus au penzi.

La, mes jestes en a terra
memorarán me por scempri
ed gannai la bita eterna
retru trabaliu dos deci.
Pirmair de mattari eu abí
liejoni tantu porenti
ed atassu de azzají
bestu en entegra sca pelli.
Scekondu, adé la nekatza
una tan terribli scerpi.
Debeja uriri kapetzes
una non, illa scebti.
Tertzu fidi kattibari
unu scenglair scen non sceri
mortu komu scon les autres,
illa bibu fikked esti.
Kartu, prenderi una cerba
nin unu jaumi podedi,
mas esparai bollikassed
ad riju poren beberi.
Kintu, ocelles scen non pennes
kar yen de aramen en beci.
Elli Estínfalu liahsceron
ed sce perdekeron des i.
Scestu, domari elli tauru
ke Kreta jerad karpendi.
De manos nutes kolií

ed ja dolci komu melli.
Scéttimu, mondari elli
establu maliosu unu reji.
Akua tanta rekerí
flumen margaladi ad essi.
Oitabu, raubari hakkes
manjatoras karni jenti.
Enta elli Olimpu i duscí.
Ke la famni i farted bentri.
Nonu, elli cintu tomai
ke reina Hipolita abedi,
i lo scakai de sces manos
ke essa ella lo cededi.
Décimu, ad terra distanti,
don ja non mais posí pedi,
elli gannamu Jerioni
edessu debí kolieri.
Unu décimu, matzanes
de unu árbori en o scemi,
kustodiatu por trakoni,
ke perdedi ed nin besedi.
Raptai kani ad janes orci
por en liabori des deci.
Ed la gloria adella ad mibi.
Anti totos me preceded.
Mas kal jed la korona
ke portu ad mais onra, scapes?

Scopri totes mes hatzanes:
cessari restandi en Kades.

Los doce trabajos de Hércules

Por mi vida y por mi muerte
soy llamado más que hombre.
Por valiente y (por) tan fuerte
fui llamado dios, o casi.
Allí, mis gestas en la tierra
me recordarán para siempre
y conseguí la vida eterna
tras (el) trabajo doce.
Primero, que matar tuve
(al) león muy atemorizante.
Y ahora de traje
visto de él entera la piel.
Segundo, también la caza
(de) una terrible serpiente.
Debía quemar (las) cabezas.
Una no, sino (las) siete.
Tercero fue capturar
un jabalí sin ser
muerto como los otros,
sino (que) vivo quede este.
Cuarto, prender una cierva
(que) ninguno antes pudo,

pero esperé (que) descansara
al río para beber.
Quinto, pájaros sin plumas,
pues tenían cobre en cambio.
El Estínfalu dejaron
y se esfumaron desde allí.
Sexto, domar el toro
que Creta estaba destruyendo.
De manos desnudas (lo) cogí
y ya dulce como miel.
Séptimo, limpiar el
establo sucio (de) un rey.
Agua tanta necesité
(que el) río sumergió al mismo.
Octavo, robar las yeguas
comedoras (de) carne (de) gente.
Hacia el Olimpo las dirigí.
Que el hambre a ellas harte (el) vientre.
Noveno, el cinto tomé
que la reina Hipólita tuvo,
se lo saqué de las manos
porque ella misma lo cedió.
Décimo, a tierra distante
de donde nunca puse (el) pie
el ganado (de) Gerión
simplemente debí coger.
Undécimo, manzanas

de un árbol en el centro
custodiado por (el) dragón
que perdió y ni (lo) vio.
Rapté al perro en (las) puertas (del) infierno
para el trabajo doce.
Y la gloria completamente a mí
por delante de todos me precede.
¿Pero cuál es la corona
que porto con más honra sabes?
Sobre todas mis hazañas:
acabar descansando en Cádiz.

PABLO SÁNCHEZ

Con este último pequeño poema me interesaba hacer una loa al mundo visigodo. Tradicionalmente, al-Ándalus se ha tratado como una ruptura con el pasado inmediatamente anterior. Lo que ocurre es que rara vez (o nunca) la historia responde a planteamientos tan simplificados. La historia es como la paleta de un pintor en la que, aunque se siguen reconociendo los colores, ya están todos mezclados. La Hispania tardoantigua sigue viva dentro del nuevo orden: en el arte (la arquitectura emiral es una orientalización de la visigoda), el código legal visigodo siguió vigente para la población cristiana y la élite gobernante se consideraba sucesora legítima del trono de Rodrigo por derecho de conquista. Es más,

Abderramán I firmaba como rey de España. Y no, no me estoy olvidando del tema que nos trae aquí. Los andalusíes siguieron hablando la misma lengua. A al-Ándalus no llegaron las innovaciones que se estaban produciendo en la Romanía occidental y que diferenciaron al resto de lenguas ibéricas. Al-Ándalus fue una gran isla lingüística apegada al latín final y por eso se la considera la heredera del latín visigodo a ella. Este es el pequeño homenaje a la Hispania visigoda desde la Hispania andalusí. No es un romance al uso, pues he mantenido la rima, pero no la métrica. Todo es más breve, como el paso de los visigodos por la historia.

Kotia

Roma, auru, gerra,
gloria, lejenda.
Pori obridatu,
pirmaira terra.
Kotia, me scentes?
Alca kapetza.
Bili teu fatu,
Mana ta eretza.
Ke farkatores
delér' te scemran.
Adún sces pasos
facen te eterna.

Gotia

Roma, oro, guerra,
gloria, leyenda.
El miedo olvidado,
primera tierra.
Gotia, ¿me oyes?
Alza la cabeza.
Malo fue tu destino,
grande fue tu herencia.
¿Qué verdugos
borrarte parecen?
Aún sus pasos
te hacen eterna.

Pablo Sánchez

El terceto

En este caso, en contra del tema tradicional andalusí, se ha optado por la forma métrica del endecasílabo en terceto, una estrofa clásica de la poesía románica occidental desde el petrarquismo que arraigó en España a partir del Renacimiento.

El terceto puede ser puesto en boca de una mujer o de un hombre. Aquí se emplea como tema habitual de la poesía andalusí: los amores incómodos, difíciles o frustrados, en los que el objeto del amor rechaza al poeta o se vuelve inalcanzable.

> Amori scekretu, amori arabatu!
> Perkontes icabas ad mib kon uelios
> ke kon bokkella non demandatu!

> *¡Amor secreto, amor escondido!*
> *¡Me contestas con los ojos a las preguntas*
> *que no te he hecho con la boca!*

JON AUNDI

A continuación, se incluye un poema en tercetos inspirado en los únicos versos que se conservan de la poetisa granadina Ḥamda bint Ziyād. Aunque la poesía femenina estaba más limitada en cuanto a temática que la masculina (por ejemplo, hablar de amor no se consideraba adecuado para ellas), Hamda redactó una poesía análoga a la de cualquier varón, incluso homoerótica. De ahí el uso de la típica metáfora de la gacela para no especificar el sexo.

> Mes liákrimes non potu arabari
> xebandi hattá kirjari riyu,
> kirjandi hatta xebari ad mari.

Ed adún scorted elli xoli auriyu,
poren mibi jed la liuna tali
des gazél tre riacos non bisu.

Ja la alba non lacerád tan mali,
elli celu de duelu bestitu.
Scempri ad nohti la dija ad scemrari.

Mis lágrimas no puedo esconder
alimentando hasta crear un río,
creando hasta alimentar al mar.

Y aún surge el sol dorado,
para mí es igual que la luna
desde que a la gacela entre los riachuelos no vi.

Ya el amanecer no iluminará demasiado,
el cielo de luto se vistió.
Siempre la noche al día se parecerá.

PABLO SÁNCHEZ

De todas las mujeres que se dedicaron a la poesía en los siete siglos que duró al-Ándalus conocemos el nombre de treinta y nueve. Es un número elevado en comparación con el resto de compañeras europeas contemporáneas. Es muy relevante que, en siete siglos, más de la mitad de todas las poetisas conocidas en Europa sean hispanas. Eso sí, el número es un porcentaje irrelevante comparado con el total de poetas masculinos documentados. Que conozcamos a todas esas mujeres no significa que su obra haya sobrevivido. De la mayoría solo conocemos el nombre y, como mucho, algún dato biográfico suelto. La poetisa de la que más poemas se conservan es la granadina Hafsa bint al-Hayy al-Rakuniyya..., y apenas son diecisiete. De la poetisa andalusí más famosa, la cordobesa Wallada bint Mustakfi, solo nos han llegado nueve breves extractos de su obra. Las mujeres que se dedicaron a la poesía fueron siempre de buena situación socioeconómica y de familias con tradición literaria que les han proporcionado una educación, siempre en árabe. Sin embargo, su invisibilización como poetas es intrínseca a su condición como mujeres, confinadas al ámbito doméstico sin relación más allá de su propia familia. De ahí que sus respectivas carreras literarias apenas hayan trascendido.

De la poetisa más famosa de al-Ándalus, la ya mencionada Wallada, se han escrito novelas, realizado películas y hasta compuesto óperas. Sin embargo, como decía, de su producción solo nos han llegado nueve poemas y casi todos dirigidos a su tortuoso amante Ben Zaydun. La segunda poesía es una adaptación de uno de ellos.

> Sci fos justu kon ta amata,
> tú non jubesses nin una.

Liahscés la floruta rama
por scen fruttos una kamba.
Non scen esseri la liuna
por mustiri fi trokata.

Si fueses justo con tu amada,
no desearías a ninguna.
Dejaste la rama florida
por una ramita sin frutos.
Aunque sea la Luna,
fui cambiada por Júpiter[11].

PABLO SÁNCHEZ

Que ambos poemas queden como homenaje a ellas y a todas las demás literatas que el tiempo ha querido olvidar.

---

11   La comparación entre la Luna y Júpiter aparece en el poema original, pero hay que entender que en esa época no se sabía que se trataba del planeta más grande del sistema solar y la Luna tan solo un satélite de la Tierra. La idea original es que cambió al astro más grande y luminoso del cielo nocturno por un pequeño punto luminoso (que es como se ve Júpiter desde nuestro planeta).

La cuarteta

La cuarteta es una estructura típicamente castellana, cuatro versos de arte menor (ocho sílabas o menos). Se diferencia del romance en que riman los versos pares y también los impares tienen su propia rima (abab). La cuarteta es predominantemente de rima consonante, pero desde época moderna también admite la asonante. Es un tipo de composición poética que se adapta bien a cualquier lengua romance, como en este ejemplo se ve con el andalusí. Es lógico que escritores que vienen de la hispanosfera, con el castellano como lengua madre, al final recurran a los modelos que ya conocen y los adapten al andalusí, como en los ejemplos que siguen.

Ma autri jarasija

Jes la amira de meu kastellu,
bestita kon raupa cetrija,
bibál komu tomijellu.
Ja, ma bella autri jarasija!

Ta boci dolci ed alma rahsa,
komu unu betzu en la mahscella.
Ad tibi sco komu en meu kasa,
ad tibi sco en meu al-kanella.

Ad tibi totu jed amenu,
adoru garriri teu nomni,
amu tantu esser' teu uemni
de raupa kolori kárdenu.

Mi otra cereza

Eres la princesa de mi castillo,
vestida con ropa naranja,
vigorosa como el tomillo.
¡Oh, mi bella otra cereza!

Tu voz dulce y alma tenue,
como un beso en la mejilla.
Contigo estoy como en mi casa,
contigo estoy en mi refugio.

Contigo todo es ameno,
adoro decir tu nombre,
amo tanto ser tu hombre
de ropa color azul.

Alberto Díaz Martínez

Pablo Sánchez

Alba de ibernu

Fecatos mos uelios,
nin unu en a bija,
caucau dos ocellos,
una noba dija.

Bentu ben jélidu
ki las folias rasad,
elli planu albu,
la ceka ki bagad.

Scorted elli scoli,
mais fora jed fridu.
Sco ben rakadoni,
estó ad meu kobiliu.

Amanecer de invierno

Cerrados mis ojos,
nadie en la calle,
piar de los pájaros,
un nuevo día.
Viento muy gélido
que las hojas acaricia,
el suelo blanco,
la niebla que vaga.

Sale el sol,
pero fuera hace frío.
Soy muy dormilón,
estoy en mi cobijo.

Alberto Díaz Martínez

En scentu me tantu estraniu,
scen tes dammes non do pasu.
Ad teu bentri, me kobiliu,
ad teu pelu, me bolliku.
Mos sconnos ad mibi pennes
kon mololies kanu benes.
Komu océl' scen non kaliola
ed ki retru tibi adbolad.
Ad teu oditu garru bersu,
tali ad deus oru edessu.
Scentu sceros kuracones
ualescandi adella pores.
Más atassu ad nostru liehtu.
Ja tzamutu restad totu,
por ke en unu dormiremu,
tantu en unu ad tibi ketu.

De ahí que me siento tan extraño,
sin tus brazos no doy paso.

En tu vientre, mi cobijo.
En tu pelo me descanso.
Mis sueños a mí me pintas
tus cantos cuando vienes.
Como pájaro sin jaula
y detrás de ti vuela.
A tu oído hablo verso,
al igual que a Dios oro simplemente.
Oigo corazones lentos,
alejándose por completo del temor.
Pero ahora en nuestro lecho
ya silencioso queda todo.
Porque dormiremos juntos
tanto contigo me quedo.

Andrés Toro

El soneto y la estrofa sáfica

El soneto apareció en la literatura siciliana a finales de la Edad Media. De ahí se expandió al toscano, que le dio su espíritu definitivo, y posteriormente a toda Europa. Es una forma poética ajena al andalusí tanto por su origen como por el periodo en el que se produjo. Cuando se escribió el primer soneto, al-Ándalus ya había perdido su lengua romance.

Aun así, si hay una lengua que hubiera adoptado el soneto siciliano con más facilidad, puede que más incluso que otra lengua italiana, esa es el andalusí. Precisamente Sicilia fue el otro Estado islámico de la Europa latina, por lo que el enorme parecido entre la pronunciación de ambos romances se hace aún más soprendente (eso sí, no hay relación causa-efecto ninguna; es solo una curiosa casualidad). Lo que sí es cierto es que fonéticamente no hay dos lenguas más similares. En ambas, los sonidos [p], [t], [k] no evolucionaron a [b], [d], [g], respectivamente, y se mantuvieron las consonantes dobles y las vocales finales. Muy bien, como en todas las lenguas italianas, estarás diciendo. Cierto, pero es que andalusí y siciliano tuvieron una evolución conjunta más: las vocales finales se cerraron. Habrás notado que en todos los poemas aparece -i en vez de -e y -u cuando debería («debería») haber -o. Por eso, al oído, el siciliano pasaría por andalusí, por lo que en este aspecto se podría decir que el soneto se habría adaptado con mucha naturalidad.

Además, el soneto es la estrella de la lírica renacentista, y aquí está el tópico de que al-Ándalus tuvo el primer Renacimiento. Fueron los intelectuales hispanoárabes quienes recuperaron y transmitieron en gran parte el pensamiento y la filosofía de los antiguos clásicos. No significa eso que en la Europa cristiana se perdiera por completo, pero desde luego que una parte más que significativa de la herencia antigua se mantuvo gracias a los andalusíes. Parece, entonces, que la renacentista al-Ándalus estaba esperando a que el renacentista soneto viniera a ella.

Veamos cómo suenan dos ejemplos de sonetos en romance andalusí.

Komu roka foska ed muta í alcata
kontra mari, komu petra ke non en scented,
kontra ondes, kontra bentu, ki sce tenned,
ki scen nin pori nin pena taukarata.

Komu liausa akuta, komu elli sciletzu
do scudarairu ki non garrid nin alkilma,
ki sce manjad azzameni dija ad dija,
en scábula scen non kasca me konbertu.

Liena negra scen non deseru au berdati,
nin liákrima, nin uai nin aluailoni
nin rumori de ma lienkua an sce askohtari.

Jelu umbriju ke elli kuraconi kopred,
riplu negru liambutu de akua scalata,
essu keru sceri ed tali ma alma dormed.

Como una roca oscura y muda ahí alzada
contra el mar, como la piedra que no siente,

contra las olas, contra el viento, que se sostiene,
que sin dolor ni miedo es desmenuzada.

Como la piedra aguda, como el silencio
del sudario que no dice nada,
que se come el tiempo día a día,
en arena sin queja me convierto.

Roca negra sin deseo ni verdad,
ni lágrima ni lamento, ni gemido
ni queja de mi lengua se escuchará.

Hielo sombrío que el corazón cubre,
guijarro negro lamido por el agua salada,
el mismo quiero ser e igual mi alma duerme.

JON AUNDI

Epitafiu Almantzur

Eu demobí les klokkes Scantu Jakobu
do palát de mib por faceri haliabes,
behscái de Liejoni les janes murates,
en mundu de obelies kesí sceri liopu.

PABLO SÁNCHEZ

Kaballu meu liabád sces pates en portu
de Barcelona, espates de mib irates
toparon les ripes adé afrikanes:
de furia de mib' non í feron tant lionku.

Liákrimes apreron les bijes fullaron
epíscopos, komtes ed scerbos, kon scankri
rekoprái debtes de alienos ed tzirkanos,

de ma bendikatza nin uemni sceprái.
Ki ad mib konosceron, scempri ploraron.
Morti, sci ausas ad mib adé reputari?

Epitafio de Almanzor

Yo me llevé las campanas de Santiago
para hacer las bisagras de mis puertas,
humillé las puertas amuralladas de León,
en un mundo de ovejas quise ser lobo.

Mi caballó lavó sus patas en el puerto
de Barcelona, mis airadas espadas
también encontraron las orillas africanas:
de mi furia no estuvieron demasiado lejos.

Las lágrimas abrieron los caminos que hollaron
obispos, condes y esclavos, con sangre
cobré las deudas de extraños y de cercanos,

de mi venganza no aparté a nadie.
Quienes me conocieron siempre lloraron.
Muerte, ¿también tú osas retarme?

Jon Aundi

Típica de la literatura del siglo XVI fue también la estrofa sáfica, llamada así por la poetisa griega Safo de Lesbos. Fue muy cultivada en la poesía romana y, aunque no se perdió en la Edad Media, se revitalizó durante el Renacimiento. Se compone de versos endecasílabos (once sílabas), generalmente tres (aunque el ejemplo siguiente tiene cuatro), que se cierran con un pentasílabo (es decir, cinco sílabas). En España fue reintroducida por Garcilaso de la Vega, como tanta de la influencia italiana que le debemos a este poeta.

Por supuesto, este tipo de composición fue ajena a la tradición andalusí, pero aquí hay una «simulación» de qué habría pasado si el romance de la Hispania musulmana hubiera sobrevivido a la conquista de su tierra y se hubiera rendido a la nueva moda europea:

Porke en tib scentu bella antikua kausa,
komu una magia pirmijena tali,
komu les folies de un bétulu tabid
liuci berdi ed ambrina; au komu fata
ki abitad bessu.

Porque en ti siento una antigua cosa,
como una magia primigenia tal,
como las hojas de un abedul que filtra
la luz verde y ambarina; o como un hada
que vive en un verso.

JON AUNDI

EL HAIKU

Habíamos comentado que, al estudiarse las jarchas por separado, se habían interpretado como los haikus romances (y eso que el haiku tiene una estructura métrica perfectamente marcada y la jarcha es un «todo vale»). Al final son dos formas poéticas que aparentemente podrían llegar a confundirse entre sí.

En cualquier caso, y aunque no es una estrofa propia de la lírica romance, tenéis, de propina, dos ejemplos que presentan la configuración habitual de un haiku, esto es, tres versos de cinco, siete y cinco sílabas, respectivamente:

Adún kanos montes,
mais en balli améndolos
ja apren sces flores.

Aún están canos los montes,
pero en el valle los almendros
ya abren sus flores.

JON AUNDI

Uei elli bentu,
pesed ad pirmabera,
fredu en scentu.

Hoy el viento,
pese a la primavera,
frío lo siento.

JON AUNDI

3

La poesía romance andalusí
en romance andalusí

En esta última parte nos hemos querido liberar de los modelos de la poesía árabe y también de las adaptaciones de estructuras en otras lenguas. Hemos querido hacer poesía en andalusí, por el andalusí y para el andalusí. Sin depender de ninguna tradición literaria. Sin deberle nada a ninguna otra literatura.

El primer poema, de temática nostálgica, es un ejercicio estilístico de aliteración en el que cada verso está marcado por la repetición de uno o dos sonidos. La aliteración es un recurso poético muy socorrido en poesía, puesto que junto con la métrica delimita el ritmo de la pieza. En las propias jarchas ya lo encontramos (como la repetición de [b] en «ke scerád de mibi, / scen al habibi / non bibraju»), pero realmente es común en toda la poesía universal. De hecho, fue la protagonista de la poesía germánica antigua. La aliteración no solo nos proporciona goce estético, sino que también nos permite adentrarnos en un aspecto básico de cualquier idioma: su fonética. A la hora de buscar una sucesión de palabras que contengan un determinado sonido, lo más seguro es que terminemos recurriendo a los fonemas más comunes de tal lengua. Así, en andalusí predominarán los sonidos correspondientes a *sh* y *ch*. Sin embargo, los correspondientes a la *z* y a la *j* francesa casi ni aparecen. En castellano, los sonidos que se requerirán y los que se evitarán serán diferentes, pero el de la *n*, *r* y *s* van a coincidir, dejando ver la herencia romana común que comparten.

Ocelles en o celu

Por scempri sce perdekeron
atzá mes man memoratzes.
Miratori enta ma menti,
kar demandu en ke adún abed.
Riju ki rired ad ride
de beri elli beru berdi,
les folies famma en florár
ki kon sca akua sce krescedi.
Kar kaped ad ma kapetza,
koros ke rekordaja,
des ocelles en o celu
ed les granes en a grana.

Pájaros en el cielo

Por siempre se esfumaron
quizá mis importantes recuerdos.
Mirando estoy dentro de mi mente.
Pues busco lo que aún existe:
río que ríe adrede
de ver el verdadero verde
(de) las hojas, allá en (el) campo de flores
(que) con su agua se creció.
Pues de eso entiende mi cabeza,
(de los) coros que recordaba,
de los pájaros en el cielo
y las ranas en la hierba.

PABLO SÁNCHEZ

La idea del próximo poema tiene más una ensoña-ción simbólica que otra cosa. La poesía romandalusí lle-gó, hizo historia y desapareció. Como el meteorito de los dinosaurios, su importancia en la evolución es capital, pero, lo que es él, apenas duró un segundo. Y aquí esta-mos como mil años después redescubriendo sus restos, dándole una forma bonita y recomponiendo lo que se quedó en el aire. Estamos creando la historia de la lírica latina andalusí que no le dejaron tener. Por eso quería inventar un tipo de composición poética exclusivamente para esta lengua. En este libro encontramos adaptaciones de romances (literatura castellana), sonetos (literatura italiana) e incluso haikus japoneses. Pero yo quería una composición específica para la literatura romance andalusí y punto. Que sí, que ya sé que están las jarchas, pero de ellas ya hemos dicho que son una parte de una composición, unos versos de un todo, no una pieza en sí misma. Y, aunque así fuera, como lengua la comparte con el árabe andalusí. Es más, las jarchas en romance son una mínima parte del total de moaxajas.

La composición que he creado, que se podría denominar *espeliu* ('espejo'), se caracteriza por que los versos de la estrofa riman el primero con el último, el segundo con el penúltimo y el tercero con el antepenúltimo. De esta manera, la rima se va completando al comenzar la nueva estrofa, ya que el último verso de la primera estrofa vuelve a rimar con el primero de la segunda. Se va a entender mejor leyendo la poesía:

Medusa

Ma bita de deuses chasrai
des pubella hatta dija,
scen non fari kausa nulla,
bos promettu jera pura,
ed ankora estandi biba,
orci bili en arripai.

Ki non scapejad ja scaid,
adún ke maldeita eu scija
porke affrenta abí nin una
adatella sco scekura
poren esseri assí bisa
scen tornari ja non mais.

En essu korréd' pirmair
repleja gotzu ed lietitza.
Jerad meu fanu ma kuna.
Proporconaja de kura,
kar i fi scacerdotissa
de Minerba, deusa mair.

Elli tzidi mares baid,
ad mibi sca guana filiad.
Paperád me komu pruna,
eskappari kausa dura,
ed non tantu ke fujija
alkanella non topai.

Ad deusa les rogos plorai
mas adún ke mais petija
ma sceniora fid tzamuta
kar nekadi me sca ajuta
ad totu ke rekerija
pesed tolori ed uai.

Bai, Neptunu, atassu bai
liahsca ad mibi ed bai ta bija.
Sci me kerpés scen non dubta
non aberás la fortuna
passed scékulu au una dija
ad tibi innosku non tzai.

Mas ad deusa elli fortzair,
ed adé non ma ferita,
importatza abéd belluna.
Poren a reina la kulpa
tan sculaira ad mibi mirad
de elli kastigu aberai.

Bella fi atassu tzamai,
mas konbersa ad una bisca
de esta isca sco reklusa.
Temerati, sco Medusa:
non pessona scijad bisa
ke pessona scijad mais.

Ma estoria konseliu faid:
non guastati la scaliba
por ke ki jed ad autura
nin te bed nin te prokurad.
Beni scaju non kesita
nin adé tu, ja lo scais.

Medusa

Mi vida a los dioses dediqué
desde joven hasta (el) día,
sin hacer nada de nada,
os prometo (que) era pura,
y aún siguiendo viva,
(al) vil infierno de ahí llegué.

Quien no (lo) sabía ya (lo) sabe,
aunque maldita yo sea
porque afrenta no tuve ninguna
por completo estoy segura
para ser así vista
sin vuelta jamás.

Entonces sucedió primero
repleta de gozo y alegría.
Era mi templo mi cuna.
Proporcionaba cuidado,
pues fui sacerdotisa
de Minerva, diosa mayor.

El señor (de los) mares va,
en mí su gana fija,
me comerá como melocotón,
escapar (es) cosa dura,

y mientras huía
refugio no encontré.

A (la) diosa los ruegos lloré,
pero aunque más pedía
mi señora estuvo silenciosa,
pues me negó su ayuda
a todo (lo) que pedía
pese (al) dolor y lamentos.

Ve, Neptuno, ahora ve.
Déjame y ve por tu camino.
Si me rompiste sin dudarlo
no tendrás la fortuna,
pase un siglo o un día,
a ti no daré perdón en absoluto.

Pero a (la) diosa la violación
y tampoco mi herida
importancia tuvo ninguna.
Para la reina la culpa
tan solo a mí mira
por el castigo (que) tendré.

Bella fui, ahora fea.
Y convertida en un monstruo
de esta isla soy reclusa.

Temed, soy Medusa:
no hay nadie que sea visto
que persona sea más.

Mi historia consejo da:
no gastéis la saliva
porque quien está en la altura
ni te ve ni te busca.
Sé bien que no (soy) querida
ni tampoco tú, ya lo sabes.

PABLO SÁNCHEZ

Decíamos al comienzo que había un sentido simbólico en esta estructura en espejo: cuando parece que se pierde, se recupera hasta el comienzo de nuevo y los primeros versos de las siguientes estrofas riman con los de la estrofa que ha dejado atrás. ¿No es acaso eso lo que hemos hecho con la lengua andalusí?

Con el siguiente poema hemos querido ponernos en la piel de un andalusí (por tanto, un hablante bilingüe) que empieza a perder la noción de cuándo habla en un idioma o en otro. El romance de la Hispania arabizada tuvo la pasmosa capacidad de tomar cualquier palabra semita, añadirle una terminación romance y adoptarla como un vocablo más. Se suele decir que esta es una característica de las lenguas criollas: simplifican la sintaxis, pero multiplican su vocabulario por dos. Es más, el ejemplo que suele ponerse para ilustrar esta situación es el mismísimo inglés: una lengua germana que minimizó su gramática eliminando género, conjugación verbal y declinaciones, pero lo compensó con una cantidad ingente de vocabulario latino, normando y francés. La situación de al-Ándalus no fue muy diferente, pero hasta para esto eran peculiares: una parte del vocabulario andalusí mezclaba raíces árabes con sufijos romances. Seguramente estas palabras eran utilizadas indistintamente en árabe como en romance. El arabismo lo hemos marcado con un asterisco en la traducción.

Esta es una pieza intraducible que en castellano pierde toda la gracia, puesto que va repitiendo las mismas palabras en árabe, confundiendo una lengua con otra. Justo lo que les pasó a los andalusíes. Y sí, todas estas palabras árabes se han documentado en contextos romances.

> Scerád la sceniora rojella
> da ki en adamai ad alba
> atzá la tzajjida fusiella,
> essa ki iskadi me ad tzama?
> Ja non scemru sci ad mahscella
> (ki scaid sci ad chaddi) portajad
> una didiella roseta,
> in non, sca morkata scama.
> De sca faci belatori

eu pasaja bita antaira.
Poren mibi melli dolci
forad sca scana cibaira.
Au arrakibi sca uuci
talabai elli amru jaumi?
Ja ki scijad huli chuddi.
Ja ki scijad giidu idami.

¿Será la señora rubita
de la que me enamoré al amanecer
quizá* la señora* rubia*,
la misma que me enamoró* al amanecer*?
Ya no me acuerdo si en la mejilla
(quién sabe si en la mejilla*) llevaba
un lunar morado*
o, por el contrario*, su lunar* morado.
De su rostro vigilante
yo pasaba (la) vida antes.
Para mí, la miel dulce
había sido su sano alimento.
¿O vigilante* de su rostro*
pasé* la vida* antes*?
Ya que sea miel* dulce*.
Ya que sea sano* alimento*.

PABLO SÁNCHEZ

La periodista Ana Mora bromea diciendo que, con su nombre, estaba predestinada a escribir en romance andalusí. Lo hace con poemas de corte actual, sin ceñirse en principio a esquemas literarios previos o fijos. Es decir, lleva la última lírica a la que fue la primera, como se ve en estos poemas:

Bibiri elli justu azzameni
scen non te filiari edessu,
scen non liahscari sconnari,
scen non esseri essi tu
aliu bairu elementu
kontra ki as de punnari.

Vivir el tiempo justo
sin asentarte simplemente,
sin dejar (de) soñar,
sin ser tú misma
un elemento diferente
contra quien has de luchar.

Ana Mora

Andajad marcita kandu
ad Museu ella adtammadi.
Ed les Muses sca mololia

ad auditu musitandi
una múrika marmata,
komu mantu musku scuabi.

Paseaba mustia cuando
al museo ella llegó.
Y las musas su melodía
al oído musitando
una música murmurada,
como manto (de) musgo suave.

<small>ANA MORA</small>

Jerad una bekata
lo ke una bekata pasád',
ed una bekata pasatu
en essu ja en obridai.

Érase una vez
lo que una vez pasó,
y una vez pasado
entonces ya se olvidó.

<small>ANA MORA</small>

Abed una klaritati,
una sculu, la ki jed
ad tos uelios sci me ben
ed eu scortu ad sceu reflehscu.
Kandu ad elles en me bedu
kallu ki sco de berdati.

Hay una claridad,
una solo, la que está
en tus ojos si me ven
y aparezco en su reflejo.
Cuando en ellos me veo
entiendo quién soy de verdad.

ANA MORA

Por que rekeru unu mondu,
unu mondu scen tronari.
Rekeru scentiri mari,
pluja, riju, bentu, arostu
ed ad tibi te askohtari.

Porque me urge un mundo,
un mundo sin estruendo.
Me urge sentir el mar,

la lluvia, el río, el viento, el arbusto
y a ti escuchar.

ANA MORA

Mos uelios scon de tolori.
Atzá de mirari tan mali.
Atzá de i cerrari tan forti.

Me duelen los ojos.
Quizá de mirar demasiado.
Quizá de cerrarlos muy fuerte.

ANA MORA

Eu sco eu.
Lo ke scentu ed ke scentí.
Ed totu lo ke scentí.
Ed totu lo ke adún scentu.

Yo soy yo.
Lo que siento y que sentí.
Y todo lo que sentí.
Y todo lo que aún siento.

ANA MORA

Pedro Salas es poeta y filólogo. Su obra literaria es de corte contemporáneo, de verso y metro libre. Somos amigos desde hace muchos años y ambos admiramos nuestros respectivos trabajos y trayectoria. Fruto de ello es esta colaboración en la que se une su estilo literario a la lengua andalusí.

Scen non tibi,
badu andatori retru ausa
ki doned scensu ad la dija.
Scen non tibi,
non ketad penzi elli odori
nin de mari, nin de bita.

Scen non tibi,
scentu natari unu pesci
ki non scaped de sca bija.
Scen non tibi,
la estoria non eskrebemu
da memoria jed persita.

Sin ti,
voy andando detrás del riesgo
que da sentido a la vida.
Sin ti,
no queda casi el olor
ni del mar ni de la vida.

PABLO SÁNCHEZ

Sin ti,
siento nadar a un pez
que no sabe su camino.
Sin ti,
la historia que no escribimos
de la memoria se ha perdido.

Pedro Salas Fontelles

Lietu sco non sceri scankri
des cincikates des autres,
ed akkrandi hurru adbolari
des reines zijates paupres.

Atassu, bullir' me liahscu,
des bekates ad scedmana,
ad la scentella ta manu,
tantu tempos faku uahsca.

Mas de tibi rekerija
mais ad mibi rekerés.
Jera liuci de ta bita,
mas en umbra sculu bes.

Contento estoy de no ser la sangre
de las heridas de los otros,

y por eso salgo volando libre
de las reinas disfrazadas de pobres.

Ahora me dejo fluir
dos veces por semana
en la chispa de tu mano
que por tanto tiempo añoro.

Pero de ti necesitaba
que a mí más me necesitases.
Era la luz de tu vida,
pero de ahí mi sombra solo ves.

PEDRO SALAS FONTELLES

Y con esto terminamos. Acabáis de leer los primeros poemas en cientos de años que se componen en la lengua romance que vio nacer la poesía, suspiró y desapareció. Una lengua que quizá no sabías que había existido. Un idioma del que probablemente no supieras de su importancia para la literatura. Se apagó, pero mil años después está aquí otra vez, como la bella durmiente del cuento, que solo necesitaba que alguien le hiciera caso para volver a la vida y reclamar su corona.

Este libro ha terminado, pero el romance andalusí comienza…

Gaditano, historiador del arte y artista, personal del Museo del Prado, pero más conocido como divulgador de la lengua romance andalusí. Pablo Sánchez (1976) ha traducido obras conocidísimas de la literatura universal a esta lengua como *El principito* y *Alicia en el país de las maravillas*, así como nuevas creaciones literarias. Ha colaborado en varios proyectos audiovisuales, también relacionados con este idioma. No obstante, su principal orgullo no ha sido nunca reconstruir esta lengua muerta, sino que nuevos creadores le estén dando vida.

Todas las erratas de este libro
han sido colocadas estratégicamente.